嗯哼 這才是越南

這才是

越南

作者 ◎ **DD**

太雅

每個國家都有自己獨特的服飾與活動，象徵一個國家的文化資產，從古代留存至今，蘊含民族文化，提起奧黛，人們都會聯想起越南；提起人力車，人們就會想到過去美好的年代。

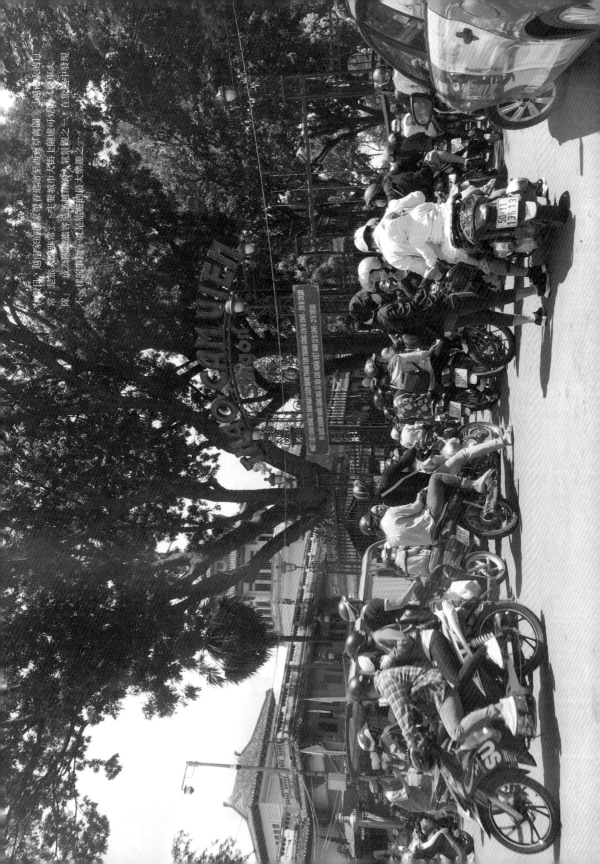

走跳各大城市，各地建築和街道規畫反映出越南當地、鄰國還有後期國外殖民勢力影響，造就出各式多元獨特的文化遺產；5 項文化遺產中，就有 3 個集聚於中部，美麗鵝黃的會安古鎮就是其中之一。

目錄

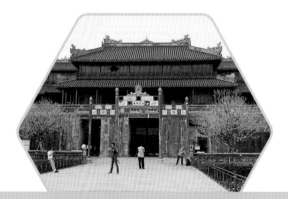

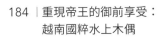

作者序

　　我這個在外商打滾好一陣子的台灣人，嫁給越南少爺後，語言環境驟地從「英語、中文」換成了越南語。因為想要融入在地生活，踏上了越南語學習之路，學語言過程中也鬧出不少笑話。

　　剛來的時候，面對典型的越南夏天，身上像是放在大同電鍋上的抹布般又濕又熱，路上水洩不通的機車數量，讓來自機車大國的台灣人都瞠目結舌，市區內的人群中穿插著時髦的當地上班族與許多西方臉孔的遊客，不時還會聽到日語或是韓語，閉上眼睛有時候還會時空錯置，以為自己不在越南。

　　老實說，我完全沒料到越南的生活會如此精彩，每天都有很多有趣的小事與文化驚喜，自從由「遊客」進階「新住民」後更有深刻感受與體驗，越南在地日常技能與生存之道已完美習得。每週最喜歡在咖啡廳比台灣便利超商還多的越南，探索不同咖啡廳，或走一條與以往不同的小徑，體驗城市帶給人的不同視野，對我來說也是一種不同的小旅行方式。

關於作者　　DD

　　對旅遊、設計還有英式搖滾有莫名狂熱，留英回台後在公關行銷界打滾了一圈，最熟悉的外語是英文、日文，所以從沒想過會認識現在的越南老公，最後跑到越南外商工作、講越語、定居。

　　2015 年創立個人網站「嗯哼，這才是越南」，內容涵蓋越生活觀察、深度旅行、美食還有越語學習，以行銷公關人的觀察眼光分享觀察、旅遊資訊，同名臉書專頁至今粉絲數已破萬人追蹤，也在數個新聞網站撰稿分享旅行文化所見所聞。

臉書專頁：@thatsvietnam
個人網站：thatsvietnam.com

編輯室提醒

★ ★ ★ ★ **出發前，請記得利用書上提供的 Data 再一次確認**

每一個城市都是有生命的，會隨著時間不斷成長，「改變」於是成為不可避免的常態，雖然本書的作者與編輯已經盡力，讓書中呈現最新最完整的資訊，但是，我們仍要提醒本書的讀者，必要的時候，請多利用書中的電話，再次確認相關訊息。

★ ★ ★ ★ **資訊不代表對服務品質的背書**

本書作者所提供的飯店、餐廳、商店等等資訊，是作者個人經歷或採訪獲得的資訊，本書作者盡力介紹有特色與價值的旅遊資訊，但是過去有讀者因為店家或機構服務態度不佳，而產生對作者的誤解。敝社申明，「服務」是一種「人為」，作者無法為所有服務生或任何機構的職員背書他們的品行，甚或是費用與服務內容也會隨時間調動，所以，因時因地因人，可能會與作者的體會不同，這也是旅行的特質。

★ ★ ★ ★ **新版與舊版**

太雅旅遊書中銷售穩定的書籍，會不斷再版，並利用再版時做修訂工作。通常修訂時，還會新增餐廳、店家，重新製作專題，所以舊版的經典之作，可能會縮小版面，或是僅以情報簡短附錄。不論我們作何改變，一定考量讀者的利益。

★ ★ ★ ★ **票價震盪現象**

越受歡迎的觀光城市，參觀門票和交通票券的價格，越容易調漲，但是調幅不大(例如倫敦)，若出現跟書中的價格有微小差距，請以平常心接受。

★ ★ ★ ★ **謝謝眾多讀者的來信**

過去太雅旅遊書，透過非常多讀者的來信，得知更多的資訊，甚至幫忙修訂，非常感謝你們幫忙的熱心與愛好旅遊的熱情。歡迎讀者將你所知道的變動後訊息，善用我們提供的「線上回函」或是直接寫信來 taiya@morningstar.com.tw，讓華文旅遊者在世界成為彼此的幫助。

太雅旅行作家俱樂部

老街市沙巴寢台火車

老街市
Lào Cai

河內市
Hà Nội

下龍市
Hạ Long

寧平市
Ninh Bình

下龍灣

岘港黃金天橋

洞海市
Đồng Hới

順化皇城

順化市
Huế

岘港市
Đà Nẵng

美奈紅沙丘

會安市
Hội An

會安古城

芽莊市
Nha Trang

大叻市
Đà Lạt

胡志明咖啡公寓

胡志明市
Hồ Chí Minh

潘切市
Phan Thiết

昆島富祥監獄

昆島
Côn Đảo

越南人・事・物：
越南和你想的不一樣

越南有許多跟台灣不太一樣的有趣風土民俗，跟台灣飛行距離只有3個半小時，也許不比許多國家便利，但不論是文化還是飲食，卻都印證了在東南亞最常聽到的那句英文「Same Same But Different」。以開放的心態過每一天，分分秒秒只要用心觀察，都有新鮮事。

Different

01 地形　　國土狹長，北中南風土大不同

「越南南北狹長，從胡志明市去隔壁的柬埔寨，比去河內還快。」少爺跟我說。

因為越南由北至南長達 3,000 公里，國土約略呈現「腰瘦的 S 型」，南北大致上以北緯 17 度線為界劃開，從地形、氣候、風土民情，甚至部分使用的字詞都不一樣。南北越居民的口音雖然不盡相同，但還是能互相了解。

而越南除了過去曾經受法國殖民時代的洗禮，傳統上卻是受到中國以及南洋各國影響；在建築、美食等各方面雖受西方文化影響，血脈與思想中還是保有東方美德。

除了公路或鐵路，也可以搭乘飛機往來南北越

越南靠海的城市相當多，海灘也成了居民消遣的好去處

Different

02 交通　　過馬路「只進不退」，請勇敢向前

越南的機車族宛如大軍壓境，「只進不退」要牢記在心

來越南準備過馬路，但看到如螞蟻大軍般前進的汽、機車陣仗，很多人都會卻步。「越南過馬路也不難，你要自信、緩慢地『只進不退』；如果退後，反而可能會被想繞過你的機車撞到。」少爺提供他的 4 字祕訣。

在越南挑戰過馬路絕對是一個特殊體驗，在大城市許多人都會騎機車代步，多數機車會緩慢魚貫經過，但看到路人幾乎不會停，像這種看似毫無邏輯的騎法在越南街頭隨處上演；但其實越南的駕駛心中都有一把尺，你只要堅定地慢慢往前過馬路，越南人會自動騎車繞過你，所以後退反而會撞到想要繞過你的騎士。這狀況越南人早就都習以為常，也因為車速慢，其實重大車禍比想像中來得更少。

03 飲食　一早咖啡廳滿座，喝咖啡就像喝水

「現在才早上 8 點，怎麼這麼多男生在外面喝咖啡啊？不用急著去上班嗎？」剛來越南時，我對一大早戶外咖啡廳滿座的現象感到滿腹疑問。

「1. 越南的咖啡文化本來就很濃厚，早上來杯咖啡不奇怪；2. 很多人會約在咖啡廳談生意，所以他們很可能早就在工作了喔！」少爺解釋。

越南人嗜飲咖啡，每天都可以看到許多人泡在咖啡廳中

在台灣每個轉角就是一間便利超商，在越南則是每個轉角一間咖啡廳。越南是世界上第二大咖啡生產國，從 19 世紀中期開始種植咖啡；後來咖啡文化隨着法國殖民政府傳入，現在更成為當地人的國民級飲品，每杯香醇濃厚的越式咖啡都是成功振興經濟的功臣，也讓越南一舉成為咖啡豆出口大國之一。

04 貨幣　體驗千萬富翁的快感，沒錢找零給「糖果」

商家有時會用糖果當成小額零錢找給客人

還記得一件糗事，第一次去越南時，因為是少爺帶著，沒機會自己付錢，在超商看到有公益捐款箱就想做點好事，慌張地丟了一張 500 元面額的錢進去。

「你知道你剛剛樂捐了台幣『5 角』嗎？」越南友人笑出來。因為越南盾幣值較小，目前通行的幣值最大面額是 50 萬，1 塊錢台幣約能換到 770 元的越南盾，所以台灣人來到越南旅遊都可當「千萬富翁」，吃頓飯有時「高達」幾十萬上下，捐個 500 越盾實在太糗了！

越南朋友告訴我，最有趣的是如果看到有店家「不找錢，反而拿糖果給你」，不用吃驚，越南結帳有時會用「糖果」找錢。原因是越南最小面額為 100 越盾，約略是台幣 1 角 3 毛，100、200、500、1,000、2,000、5,000 越南盾紙鈔現在都已停止印刷，但仍可流通使用，當商家沒有小額紙鈔可找時，有時就會以糖果替代補足。

Different
05 神祇　越南土地公公擺地上

在越南幾乎家家戶戶都有奉祀土地公的神龕，但有別於台灣是供奉在高處，越南土地公的神龕則是放在地上。

因為對越南人來說，土地公本就是地神，所以龕位當然設在地上；如果仔細觀察，可以發現許多越南人會用大蒜來供奉土地公，商家為祈求生意興隆，他們相信「有土斯有財」，所以土地公通常會跟財神爺擺在一起祭拜，是越南很特別的一種文化。

另外一個有趣的習俗是，如果不是過年過節或中元節，看到有人在店前燒金紙，多半是店家想要提振業績，燒掉不好的運氣。

除了大蒜外，越南人還會供奉啤酒或可樂給土地公

隨處可以見到放在地上的土地公神龕

Different
06 稱呼　稱呼越南人叫「名」不叫「姓」

「如果我現在問『阮先生在嗎？』你覺得會有幾個人站起來？」我問少爺。

因為越南姓「阮」的人是如此之多，在很多正式場合根本無法用姓氏來區別，所以一般越南人都習慣用全名的最後一個字來作為稱呼。例如潘茹草(Phan Như Thảo)小姐，稱呼她時，不會叫「潘小姐」也不叫「茹草小姐」，而是會叫「草小姐」，跟中文的姓名叫法大不相同，非常有趣，千萬別叫錯囉！

越南人的稱呼與中文大不同

Different
07 文化　　剛認識就問年齡是一種禮貌

「你幾歲啊?」一開始我被陌生人問到這個問題,都想說怎麼這麼沒禮貌一見面就問年紀,想隨便回答「我永遠的洗腳水 (19歲)。」但後來才發現這是越南人為了知道輩分,選擇正確的稱呼才問的。

一開始我也相當不習慣,因為詢問別人的年齡在許多文化中都被視為無禮的行為,但在越南可是有禮貌的表現,詢問他人年齡或哪年出生是稀鬆平常的事情。

越南人相當注重輩分關係

原因就在越南語中的稱呼代名詞「你我他」,在對話時,會因為對象的關係、性別、長幼、身分而改變,以你／妳來說:男的長輩使用 Ông、女的長輩使用 Bà、比你年長一些的哥哥稱 Anh、比你年長一些的姐稱 Chị、小姐稱 Cô、比你年幼的男女生稱 Em、平輩朋友稱 Bạn,越南非常注重長幼有序的稱呼。

所以在沒辦法判別長幼的時候,有時候為了禮貌,越南人會詢問年紀,來判斷自己要用後輩對長輩、還是平輩的稱呼代名詞。以後如果在越南被問「今年幾歲?」不要覺得被冒犯。

Different
08 習俗　　越南女孩兒出生打耳洞不奇怪

「哇,那個小 Baby 居然有耳洞!」我之前就注意到很多東南亞的小 Baby 都有穿耳洞。在台灣打耳洞有時還會被許多老一輩視為「破相」,因為耳垂在面相學上視為福分的表徵,耳垂越厚實表示越好命,是福氣的象徵,所以一穿耳洞,福氣就會漏光了。

而在越南,很多女孩子一生下來就必須穿耳洞,戴上黃金做的耳環,這樣普遍的風俗,甚至讓部分越南醫院還會接受父母的要求,直接幫女嬰穿耳洞。

越南女孩兒許多一出生就會打耳洞

好奇的台灣太太問了很多越南人,其實都沒人知道真正原因,聽到的理由五花八門,以這兩個理由最常聽到:「民俗就是這樣」、「女生這樣比較漂亮」等等。

越南經典路線：
北、中、南全攻略

越南南北狹長，全境丘陵廣布，文化風景北中南各具特色，近年大力發展旅遊業，也成為亞洲旅遊一股新勢力。越南也是東南亞最美麗的國家之一，鬱鬱蔥蔥的高山山脈、繁華的城市和金黃色的沙灘，讓世界各地的旅人甘心前仆後繼造訪。儘管越南城市如河內、胡志明市近年快速的現代化，但悠久的歷史傳統仍保留在當地文化、建築及美食中，更有許多古老地標和殖民時期的古蹟建築，在顛沛流離的歷史中倖存下來。

北部以河內為中心，所形成的平原地三角洲人口稠密，河內至今保有法式建築約8千多棟，行走其中彷彿能感受舊日時光情懷；而中部則是有許多聯合國科教文組織認定為世界遺產的文化與自然景致；南部以胡志明市為中心，咖啡廳、風格旅宿林立，新舊交陳的人文魅力吸引著各地的旅人到此一遊。無論是計畫一場歷史學習之旅、輕鬆海灘度假之旅或只是想逃離繁華的城市生活，在越南都可以透過不同路線，體驗到各式文化與美景，本章介紹4條可以感受越南魅力的經典路線。

Route1
北越 10 日

初探北越歷史風情：
河內、沙巴、
下龍灣、陸龍灣

這個行程以北越為主，先飛往河內歇腳，瀏覽河內重要的景點；接著可以登記「睡覺巴士」或是「寢台火車」前往少數民族的故鄉沙巴，品嘗鮭魚火鍋，在當地參加山區的河內健行活動欣賞梯田，以及一探少數民族的日常生活；或是前往越南最高峰番西邦峰坐纜車欣賞高山景致。結束沙巴行程回到河內後，向當地旅行團登記參加下龍灣與寧平的1日旅遊，最後從河內離開。

GO ## Day1 河內

由機場前往飯店歇腳。

河內還劍湖

河內的老式風情

Day2 河內 1 日遊

飯店→河內歌劇院(P.36)→大都市索菲特傳奇飯店喝咖啡(P.202)→綠橘子法國餐廳享用午餐(P.148)→聖若瑟主教座堂(P.35)→還劍湖(P.33)→參加還劍湖電瓶車老城區30分鐘巡禮，或參加還劍湖區免費老城區導覽(P.36)→河內老城區→宿老城區，享用阿燕糯米飯當晚餐(P.152)→謝現街喝啤酒，享受河內夜生活(P.194)。

Day3 河內—沙巴

越南民族學博物館(P.41)→國家歷史博物館(P.40)(若有時間，還可以參觀金氏世界紀錄的馬賽克圍牆(P.45)→婦女博物館(P.42)→火爐監獄(P.44)→河內坐晚上10點左右的寢台火車前往沙巴，晚上在臥鋪火車上好好休息(P.60)。

河內有許多
值得一看的博物館

沙巴鮭魚火鍋

Day4 沙巴 1 日遊

凌晨抵達老街火車站→沙巴市鎮→放行李，吃早餐→請旅行社安排，參加「沙巴山區健行」行程(P.65)→村莊用餐→沙巴共咖啡(P.132)→逛沙巴市區→晚上享用沙巴特產鮭魚火鍋(P.155)。

Day5 番西邦峰 1 日遊

搭計程車或請飯店包車，前往番西邦峰搭纜車
(P.64)→返回沙巴逛市區→搭計程車或請飯店包
車下午前往老街火車站，準備搭乘傍晚的寢台火
車，返回河內(P.60)。

番西邦峰

鎮國古寺附近最有
名的西湖蝦餅

Day6 沙巴—河內

一早抵達河內火車站→飯店放行李→西湖鎮國古
寺(P.51)→享用西湖蝦餅(P.151)→沿著西湖、竹帛
湖漫步，或在竹帛湖邊高原咖啡喝午茶欣賞湖景
(P.50)→參觀真武觀(P.51)→返回飯店辦理入住。

本日是越南國父胡志
明歷史 1 日遊，起點
便是巴亭廣場

Day7 河內 1 日遊

巴亭廣場(P.48)→胡志明陵寢(P.49)→胡志明博
物館(P.47)→一柱寺 (P.49)→胡志明故居(P.48)
→昇龍皇城(P.38)→樂天飯店觀賞夜景(P.194)→
返回飯店。

下龍灣

Day8 下龍灣 1 日遊

河內飯店登記下龍灣1日遊：海上石林與奇石鬥雞
石(P.54)→天宮洞(P.55)→返回飯店。

Day9 寧平 1 日遊

河內飯店登記當地旅行團1日遊或自行駕車前往長
安→長安旅遊區坐人力小船遊河，欣賞山洞穴或
河景：《金剛：骷髏島》拍攝景點(P.56)→拜頂寺
(P.59)→華閭古都(P.59)→返回河內。

長安旅遊區搭乘小船

Day10 離開河內

Route2
中南越 8 日

飽覽 4 大世界遺產：
峴港、會安、順化、
洞海、胡志明市

這是中進南出的行程，以中部世界遺產為主，最後以熱情的東方小巴黎胡志明市作結，可一次體驗到越南中南部的風土民情。

首先飛往峴港享受海灘風景，再前往車程只有半小時的世界遺產會安古城參觀，會安早中晚各有姿色，建議在古城內住一晚，體驗夜晚充滿繽紛花燈的會安。接著請飯店安排交通，一路北上前往順化，花一天走訪順化的世界遺產，例如順化皇城、皇陵等景點，晚上品嘗順化宮廷料理；隔日再由順化前往洞海，可住在洞海市區或是靠近世界自然遺產的峰牙—己榜國家公園，參加峰牙洞旅遊行程，一趟旅程搜集數個世界遺產，最後再由洞海機場飛往胡志明市。

GO Day1 抵達峴港，宿會安

峴港機場 → 晚上散步會安古城用餐 →宿會安。

會安一景

五行山

Day2 會安—峴港

會安古城→日本橋(P.70)→利用會安套票參觀會安5個景點(P.74)→會安中午用餐，享用會安料理高樓麵(P.156)→下午前往峴港→參觀峴港五行山(P.84)→入住峴港飯店。

靈應寺觀音像

Day3 峴港 2 日遊 Day1

搭乘計程車，前往山茶半島靈應寺(P.81)→巴拿山主題樂園(P.81)。

Day4 峴港 2 日遊 Day 2

一早前往參觀占婆石雕博物館(P.84)→龍橋、愛情鎖橋與鯉魚化龍(P.83)→回到飯店附近，享受美溪海灘(P.81)→回到峴港海灘附近大啖海鮮(P.157)。

占婆石雕博物館

靈姥寺中的塔樓

Day5 峴港—順化

請飯店安排計程車或包車，出發前往順化，約2個小時車程→中午順化用餐→下午參觀啟定陵(P.78)→靈姥寺(p.80)→順化皇城(P.76)→晚上前往體驗順化宮廷料理(P.158)。

Day6 順化—洞海

順化前往洞海市→下午前往峰牙－己榜國家公園(P.67)→返回洞海飯店→前往洞海用餐。

峰牙洞入口

Day7 洞海—胡志明市

前往洞海機場→下午抵達胡志明市→入住飯店→濱城市場(P.100)→參觀紅教堂(P.102)、百年郵局(P.103)與胡志明市大劇院(P. 104)→晚上享用越南家常菜(P.164)。

Day8 離開胡志明市

Route3
南越 6 日

初訪南部熱情陽光：
胡志明市、美奈、
古芝地道

如果是首次造訪越南，希望來一趟文化兼陽光之旅，很適合規畫胡志明市加上度假盛地美奈的數日旅行。

從胡志明市前往美奈約4個多小時，可搭乘長途巴士或請旅行團包車前往，建議待3天2夜，不但可以享受海灘陽光，還可以欣賞美奈的特殊紅、白沙丘景致、土耳其卡帕多奇亞縮影的特殊地形，以及欣賞沙漠與漁港的風光。從美奈返回胡志明市後，可以參加古芝地道半日或1日遊，體驗越戰時遺留的驚人地下網絡，參觀完後再返回胡志明市，由胡志明市搭機離開。

美奈的度假飯店
可以欣賞美麗的海景

GO Day1 胡志明市

搭乘長途巴士前往美奈。

仙溪

Day2 美奈 2 日遊 Day 1

坐計程車或是參加飯店半日遊，參觀紅沙丘、仙溪 (P.96)→飯店用餐，享受飯店設施與吃晚餐。

美奈海灘

Day3 美奈 2 日遊 Day 2

飯店用餐，享受美奈海灘與飯店設施或前往白沙丘(P.96)→晚上計程車前往美奈大街，看海並大啖海鮮。

占婆塔

Day4 美奈—胡志明

搭乘長途巴士回胡志明市(如果是包車前往，還可以中停參觀婆薩努塔(P.98)→回到胡志明市，晚上享用越南家常菜(P.164)。

Day5 方案 A：古芝地道 1 日遊

參加胡志明古芝地道一日遊(P.117)→返回胡志明市區 →晚上前往享用越南家常菜(P.164)。

Day5 方案 B：胡志明市 1 日遊

統一宮(P.101)→西貢聖母聖殿主教座堂(P.103)→西貢中心郵政局(P.103)→西貢歐陸飯店(P.203)、胡志明市大劇院(P.104) 或前往粉紅教堂(P.107)→中原傳奇咖啡白沙咖啡廳(P.131)→晚上前往享用越南家常菜(P.164)。

古芝地道

Day6 離開胡志明市

Route4
南越 8 日

再訪南部上山下海：胡志明市、大叻、芽莊

如果是再訪越南，或是想要將高山、海邊一次兼顧，從胡志明市出發，還可以坐國內飛機前往大叻山城，體驗法國殖民時期的避暑勝地。而大叻離海邊度假勝地芽莊約3小時車程，想要上山下海的旅人可以選擇這樣的行程，最後再回胡志明市造訪城市重要景點。

胡志明市粉紅教堂

GO　Day1 胡志明市

由機場前往飯店歇腳。

大叻春香湖

Day2 胡志明市－大叻

乘坐國內線飛機前往大叻→飯店入住→ 前往春香湖與林園廣場(P.89) 散步。

瘋狂屋

Day3 大叻 1 日遊

瘋狂屋(P.88)→Le Chalet Dalat咖啡廳休息用餐(P.91)→大叻市場(P.90)採購→L'angfarm買伴手禮(P.178)→回飯店休息後，晚上參觀大叻夜市(P.90)，品嘗越南烤紙餅(P.163)。

Day4 大叻—芽莊

從大叻搭乘長途OPEN巴士前往芽莊，車程約3個小時(P.91)→芽莊飯店入住，享受飯店設施→下午若有時間還可以前往體驗芽莊「泥漿浴」(P.93)→芽莊晚餐。

泥漿浴

跳島行程

Day5 芽莊 1 日遊—胡志明市

參加當地旅行社行程的芽莊外島1日遊行程(P.93)，或前往芽莊珍珠島度假村(P.93)→坐芽莊臥鋪巴士晚班OPEN回大叻(P.91)，晚班飛機回胡志明市。

Day6 胡志明市 2 日遊 Day1

統一宮(P.101)→西貢聖母聖殿主教座堂(P.103)→西貢中心郵政局(P.103)→西貢歐陸飯店(P.203)、胡志明市大劇院(P.104)→阮惠徒步區(P.106)與胡志明市人民委員會(P.105)→在咖啡公寓喝杯咖啡(P.106)→西貢河→搭計程車回飯店。

咖啡公寓

Day7 胡志明市 2 日遊 Day2

平西市場(P.108)→天后廟(P.110)、義安會館(P.112)→安東市場買腰果乾貨(P.109)→坐計程車或步行前往錦麗河粉大啖美食(P.147)。

安東市場

Day8 離開胡志明市

輯三 3

越南迷走指南：
12 座城市精選景點 ╳
歷史故事

急速現代化的越南，反映出與世界接軌的決心，雖
發展快速但人民樂天的生活態度仍在，是一個充滿
活力與熱情的國家。旅人若想玩出不一樣的越南，
那就不能只是跟著旅遊手冊上照本宣科，然後只拍
到此一遊的照片，而是藉由書上景點的穿針引線，
用心觀察、瞭解所到之處的人文風情與歷史背景。

單從書籍閱讀，很難一窺一個地方的全貌，我們在
介紹一個新地方時除了景點資訊，還會分享一些不
為人知的小故事與歷史背景，請屏棄走馬看花的過
客心態，瞭解地方的歷史意義，當你真實穿梭在其
中時，你會發現，原來在越南慢活慢玩是種態度。

往北走有首都河內與名列世界七大奇景的下龍灣；
中部有歷史悠久的古城順化皇城與會安古城；南
部則有法式風情與現代融合、富有人情味的胡志明
市。追求風景名勝，朝聖在地美食以及當地特有文
化的同時，還要細細體會南北地形的變換帶給旅人
不同的身心感受，最重要的是，在旅遊途中對自己
的生活與生命重新發現。

CHỦ TỊCH HỒ CHÍ MINH
(1890 - 1969)

越南
北部

懷古幽情、文化與自然奇景，用這三個詞來介紹越南「北部」是再合適不過，越南若以北中南來區分，北部可說是最古老的文化發源地，起源自兩千多年前的紅河三角洲，後來國土的幅員慢慢向南擴張至湄公河三角洲。

像首都河內可說是越南的心臟，蘊藏越南豐富文化和歷史的城市，旅人可在每一條林蔭大道和小巷中，找到許多過去的歷史痕跡；地理驚奇的下龍灣與陸龍灣，是典型喀斯特地貌，擁有數不清的奇岩怪石矗立，在兩地都可以享受遊船的樂趣，穿梭在山巒內的洞穴，大自然奇景盡收眼底。

越南北部與與越南其他地區最大的不同是，北部幾乎每個轉彎後都有令人驚艷的自然美景讓人眼界大開，越南北方的城市像是通往大自然奇景的跳板，各自都有獨特的魅力。而再往北一點，與中國邊境相連，位於遙遠的西北部的山區老街省，多數旅人都是為了原始大自然風光與特殊少數民族文化而去，從美麗的梯田到越南最高山峰番西邦峰，老街省成為無數徒步旅行和欣賞自然的旅人的起點，許多旅人都很享受著穿過山腰、欣賞沙巴美麗的水稻梯田，還有進入少數民族村莊一探究竟的特殊體驗。

千年首都的法式優雅

還劍湖 | 河內古街區 | 聖若瑟主教座堂 | 河內歌劇院

黃昏時跑到河邊的露天咖啡廳，買一杯咖啡，找到一張公共長椅坐下、欣賞著還劍湖的湖光倒影，旁邊有不少觀光客握著大砲長鏡頭，對準湖中聳立的樓塔拍照，夕陽把湖水照得發紅，湖旁邊的街道生氣勃勃。有人散步、有人跑步，不得不認同這是河內中很有活力的地方，而我說的就是河內最出名的觀光勝地之一——還劍湖 (Hồ Hoàn Kiếm)。

「同為大都市，河內感覺較胡志明市要整齊有秩序得多？」我這位初訪河內的台灣太太馬上發問，因為這裡顛覆了我對越南的刻板印象，河內街道比起越南其他城市更是乾淨整齊。少爺說，除了首都的身分是原因之一

湖邊有許多咖啡廳

之外，河內相對胡志明市人口較少，而且被幾個湖泊切成大大小小的區塊，所以都市被迫往外擴張規畫，人口分布得以紓緩，感覺沒那麼擁擠，我才恍然大悟。

東方版亞瑟王！
600 多年前的還劍湖傳說

所有越南人都知道北有紅河，南有西貢河，河內的還

劍湖是紅河改道之後留下的湖泊，也是河內知名度最高的湖，為市中心最主要湖泊之一。還劍湖原名綠水湖，得名來自 15 世紀時的一個傳說，故事有點類似西方亞瑟王與石中劍的故事，數百年流傳下來版本非常多。

廣為流傳的版本是黎朝開國君王黎利，在當年起義前

還劍湖 (Hồ Hoàn Kiếm)

★★★

\#地址　Đinh Tiên Hoàng, Hoàn Kiếm, Hà Nội
\#時間　無休
\#價錢　免費開放；玉山祠 VND 30,000
\#交通指引　還劍湖附近
\#網址　www.hohoankiem.org

遊覽還劍湖風光的遊客，可以經過建於 1865 年紅色的棲旭橋，參觀玉山祠

湖的另一側有一座龜塔 (Tháp Rùa)，相傳是君王黎利遊湖取劍的地方

獲得一把名叫「順天」的古劍，稱帝之後某天他在綠水湖上遊湖，忽見一隻巨龜浮出水面，黎利攻擊不中後讓劍掉入水中，寶劍落水後巨龜也因此離去；有些版本則加入了神話元素，說建國成功後，巨龜曾向君王索回寶劍，綠水湖才因此更名為「還劍湖」。

遊覽還劍湖風光的遊客可以經過紅色的棲旭橋 (Cầu Thê Húc)，前往湖中央的玉山祠 (Đền Ngọc Sơn) 順道參觀，除了奉祀關帝君、文昌君之外，還有越南民族英雄陳興道 (Trần Hưng Đạo)；但沒時間的話，僅在還劍湖邊散步亦可。

早期常常有人目擊湖中有巨龜出現，其真身為世上碩果僅存的幾隻斑鱉。越南在 2000 年時將湖裡的鱉命名為「還劍鱉」，越南民眾普遍認為是護國神獸；2016 年，最後一隻已知的還劍鱉被發現死亡，這隻重約 200 公斤、年近百歲的還劍鱉「仙逝」的消息一出，當年在越南引起相當大的注意。還劍湖的玉山祠內展示了等身大的「金鱉」標本。

玉山祠內等身大的鱉標本

河內古街區的文具燈籠 Hàng Mã 街

舊城區走一圈，
認識古代各行各業

如果我們照著歷史發展走下來，位於還劍郡境內、還劍湖北部的河內古街區 (Khu phố cổ Hà Nội)，又被稱作三十六古街，是 15 世紀左右最早因人口規模逐漸擴大而形成城市的區域，也是河內城市發展軌跡的最佳歷史見證。

但其實嚴格來說，這條三十六古街是在舊城區之外的街道，過去有三十六種行業而得名，而遊客還能以街道的命名一窺歷史留下的生活及文化痕跡。每條古街都以「行」(Hàng) 字表示行業，例如糖行 (Hàng Đường)、絲行 (Hàng Gai)，街名都透露該條街行業的特徵；小一點的路則用「街」(Phố) 表示，再更小一點則是「巷子」(Ngõ)。

觀光河內古街有許多種方法，最好的方式是步行，古街各式小小的商店中，商品從民俗衣服、玩具、中藥、銀飾珠寶、文具燈籠、鞋子等商品琳瑯滿目，隨處也可見到咖啡廳。

法國殖民時期的建築藝術

而時間再快轉來到 19 世紀法國殖民時期，法國人在 1858 年登陸越南後，也一併將宗教信仰傳入，天主教傳教士遍布印度支那，法國人出自需求也興建了不少充滿法國風格的建築物，像是聖若瑟主教座堂 (Nhà thờ Chính tòa Thánh Giuse)，又稱「河內大教堂」就是其一。座落在舊城區還劍湖西方，於 1886 年完工，見證越南百年歷史，建築風格融合東西方元素，目前也是河

**河內古街區
(Khu Phố Cổ Hà Nội)**
★★★

時間　無休
價錢　免費開放

**聖若瑟主教座堂
(Nhà thờ Chính tòa Thánh Giuse)** ★★★

地址　40 Nhà Chung, Hàng Trống, Hoàn Kiếm, Hà Nội
時間　無休
價錢　免費開放

**河內歌劇院
(Nhà hát Lớn Hà Nội)**
★★★★

地址　01 Tràng Tiền, Phan Chu Trinh, Hà Nội
電話　+84(0)243 933 0113
時間　視表演節目
價錢　視表演節目
網址　hanoioperahouse.org.vn

內歷史最悠久的教堂。

教堂的原址原本是李朝時修建，超過 800 年的寶天塔 (Tháp Báo Thiên)，數百年間曾倒塌又重修。19 世紀又因為失修被判定為危險建築，法國殖民當局為了興建教堂便將寶塔拆除，現在附近有許多精品店和咖啡館，也是購買一些有趣、有設計感紀念品的好地方。

河內歌劇院 (Nhà hát Lớn Hà Nội) 則是典型法國殖民時期的建築古蹟，花了足足 10 年建造並於 1911 年完工，最早是為了服務法國殖民當局，演出西方戲劇；後來越南獨立同盟會在 1945 年 8 月發起的一次革命中，取得越南大部分地區的統治權，宣布成立越南民主共和國，而河內大劇院就從娛樂殖民精英的角色，轉為共和國首屆國民議會的重要場地。直到現代，又重新成為藝文活動的表演舞台。

河內歌劇院現在是河內市區的重要指標，是十分典型的法國殖民時期建築，如果要真正欣賞歌劇院內部的設計，可以買票進去欣賞表演。河內歌劇院會舉辦各式法國歌劇、傳統越南表演、芭蕾或音樂會等藝文表演。

道 · 地 · 體 · 驗

電瓶車古街觀光
★★★

來到還劍湖，最受遊客青睞的方式就是搭乘電瓶車觀光古街，來一趟歷史巡禮。還劍湖附近就有櫃檯可以登記預約。

電瓶車

\# 地址　57B, Đinh Tiên Hoàng, Phường Hàng Bạc, Quận Hoàn Kiếm, Hà Nội
\# 電話　+84(0)943486636
\# 時間　每天 08:00 ～ 22:00
\# 價錢　35 分鐘 VND 200,000、60 分鐘 VND 300,000；3 歲以下免費
\# 交通指引　電瓶車可在還劍湖附近的櫃檯預約登記；昇龍水上木偶戲院的對面附近

免費舊城區導覽
Tourist Information And Support Center
★★★

如果不想花錢，遊客中心提供兩條免費導覽路線，無需特別報名，只要在指定時間前往遊客中心集合，就有學生導覽員帶著你繞老城區不同的區域並介紹，全程需步行，而走完一條路線大概需要 1.5 小時。

遊客中心提供英語或是越南語的免費學生導覽員

\# 地址　28 Hàng Dầu, Lý Thái Tổ, Hoàn Kiếm, Hà Nội
\# 時間　週三～日 09:00、09:30、10:15、14:00、15:00、16:00；國定假日休息
\# 價錢　免費導覽
\# 交通指引　由還劍湖步行前往 Hàng Dầu 街

聖若瑟主教座堂的雙塔鐘樓經常讓人想起巴黎聖母院的兩座鐘樓

河內歌劇院於 20 世紀初建造

親像飛龍飛上天！
千年皇室史蹟

昇龍皇城

「**是**不是一到河內就到處看到『昇龍』(Thăng Long) 二字呀？」越南朋友開始跟台灣太太解釋河內命名的典故由來。

河內位於越南北部，在被命名為「河內」之前，古稱「大羅」，但在歷史上還有其他數個名字，其中一個就是在河內常看到的「昇龍」。這個名字的由來是越南李朝開國君主李公蘊想要遷都，某天突然見到一隻金龍從越南紅河直飛天際，於是他將京城遷到大羅城時就更名為「昇龍」，歷經朝代更迭，最後在 19 世紀阮朝時定名為「河內」，沿用至今。

皇城中有許多歷史照片的展示

世界文化遺產昇龍皇城

想要理解越南從 11 ～ 20 世紀的變遷，就不得不提到河內大名鼎鼎的昇龍皇城 (Hoàng thành Thăng Long)，一座與過去歷史息息相關的遺跡群，前後歷經了陳朝、後黎朝、阮朝等不同朝代擴建而成，目前是越南十分重要的遺跡群之一，處處還遺留著優雅王朝文化的痕跡。

人說無巧不成書，2010 年是河內建都 1,000 週年紀念，在昇龍皇城地底下發現多處歷史遺跡和文物。根據研究考證，從地面往下 4 公尺深處，約略是昇龍時代大羅城的考古文化遺跡；而往下 3 公尺深處，則約略是 11 ～ 12 世紀的李朝時代遺跡；往下 2 公尺處則是 13 世紀的陳朝遺跡。而其他零零散散還有挖掘到 7 ～ 8 世紀的千年古物，以及其他將近 1,300 年前的相關建築遺跡。

昇龍皇城的端門

可以看到越南新人在此取景拍婚紗

皇城「千年地下史書」出土

　數萬件文物出土後，有助於後世重現越南各個朝代的歷史，發掘出的文物數量及種類相當豐富，在昇龍皇城遺址中也特別規畫了一個展示場館，從宮廷用品、首飾、陶瓷、不同朝代的銅錢，到大型的建築遺跡都被陳列展出。逛了一圈，參觀的人完全可以感受到當年越南各朝代不同技法的工藝技術。

　昇龍皇城雖在 19 世紀末受到法國殖民政權破壞，但面積還是不復從前身為「皇城」的規模，不過仍保留下約 18 多公頃的面積，在皇城其中漫步一圈，還是能感受到越南過去深厚的歷史價值，加上出土的遺跡更像是一部地下的寶藏與千年史書，透過挖掘出來的文物揭開古人神祕的生活面紗，想像當年各個王朝的榮光與陰影。

推 薦 必 看

河內旗台

河內旗台是位於越南河內的一座古塔，也是城市象徵之一，現在是世界遺產昇龍皇城的一部分。

建造於 19 世紀初，法國殖民當局在 19 世紀末剷除掉很多建築，但是河內旗台幸運地被保留了下來，是少數在法國殖民與抗美戰爭中殘留下來的老建築之一。

河內旗台位於昇龍皇城隔壁的軍事博物館內，旅客可以選擇從昇龍皇城遠眺旗台，或是選擇購買與軍事博物館合在一起的套票近距離參觀旗台，票價約 VND20,000，可以順便參觀附近的軍事博物館。

上｜皇城附近最為突出的是一座塔式建築，高 33 公尺的河內旗台，也是河內城市的象徵
下｜昇龍皇城的展覽館陳列各朝代許多地出土文物，不可錯過

昇龍皇城
(Hoàng thành Thăng Long)

★ ★ ★

\# **地址**　Số 19C Hoàng Diệu, Q. Ba Đình, TP. Hà Nội
\# **電話**　+84(0)2437345927
\# **時間**　週二～日 08:00～17:00
\# **價錢**　VND 30,000
\# **網址**　www.hoangthanh thanglong.vn

昇龍皇城售票櫃檯

11～12 世紀李朝房屋龍型裝飾

一次看盡越南歷史！
遊越南博物館

國家歷史博物館｜越南民族學博物館｜婦女博物館｜火爐監獄

了解越南的另一種浪漫方式，就是逛博物館。

特別在首都河內，很適合來一趟博物館漫遊，這裡有充滿各式主題的博物館，這些博物館也扭轉了我對東南亞博物館保守的刻板印象。有的博物館在建築及空間設計上，還保留了東方與法國殖民時期的混血風格，內容也暗藏了許多驚喜，除了像是大型主題性博物館，還有許多規模較小、主題性的歷史遺跡如火爐監獄，都非常值得造訪。透過走訪博物館閱讀城市，也是種享受旅行的方式。

國家歷史博物館：
最強穿越！
一次看完越南史前到現代

國家歷史博物館 (Bảo tàng Lịch sử Quốc gia) 的 展 覽分為五大展區，陳列了超過20 萬件展品。一進到國家歷史博物館，我對其中一件展品「銅鼓」(trống đồng) 特別有興趣，對我來說像是看到故宮博物院的翠玉白菜一

銅鼓刻畫的圖樣說明

樣，因為我常常在越南傳統餐廳裡看到複製品，甚至越南人在做室內規畫設計時，都會使用類似銅鼓的圖樣做設計元素。

銅鼓有什麼特別？在大約西元前 1,000 年開始，「東山文化」是東南亞最早進入銅器時代的古代文明，在東山文化的古墓中發現了銅鼓

等各式物品，銅鼓在當時被當作宗教儀式的重要用品、樂器，甚至有部分地區是拿來做葬具使用。銅鼓表面上刻有許多圖形，反映出當時的日常生活、戰爭，還呈現當時的動物、鳥類或兩棲類，所以是深富藝術價值的重要文物。

除了越南東山文化的相關文物，國家歷史博物館展出的涉獵範圍非常廣，從史前時期 30 ～ 40 萬年前的文物，一直到近代越南的八月革命相關展品一應俱全，逛完一圈好似穿越一段很長的歷史，整個博物館就是越南國家歷史的超級懶人包。

國家歷史博物館展出品

越南民族學博物館的戶外除了少數民族的草房，戶外還有水上木偶表演，每日4場

越南民族學博物館：神農氏的後代與少數民族

台灣狹義有9大族群，在越南，則有多達54個民族！記得身為越南華人的少爺，有天跟我說：「你不要看我這樣，我可是越南少數民族！」我還噗哧笑出來，因為對台灣人來說，說華人是少數民族，實在太沒感覺。

想想，在越南的華人的確是少數民族，因為「越族」又稱「京族」，在越南才是主要民族群體，占總人口的86%，也號稱與古代的百越部族有著親緣關係，有著祖先是神農氏後代所生的民族傳說。

在越南民族學博物館 (Bảo tàng Dân tộc học Việt Nam) 可以看到許多關於少數民族

越南民族學博物館介紹越南眾多的少數民族

的生活方式。博物館分為室內和室外兩部分，室內展出各式少數民族的服飾、婚喪喜慶道具、樂器、祭祀、刀具及武器等；戶外展示區則搭起多座具少數民族特色的草房，讓人能夠對少數民族的日常生活有初步的認識。

越南民族學博物館主要介紹越南54個民族與生活方式，戶外的水上木偶表演，每日有4場，分別為10:00、11:30、14:30與16:00演出。

國家歷史博物館
(Bảo tàng Lịch sử Quốc gia)
★★★

地址　Số 216, Trần Quang Khải, Hoàn Kiếm, Hà Nội
電話　+84(0)2483252853
時間　08:00～12:00、13:30～17:00；每月第一個週一休館
價錢　VND 40,000
網址　baotanglichsu.vn/vi

越南民族學博物館
(Bảo tàng Dân tộc học Việt Nam)
★★★

地址　Nguyễn Văn Huyên, Quan Hoa, Cầu Giấy, Hà Nội
電話　+84(0)2437562193
時間　週二～日 08:30～17:30；週一與新年公休
價錢　VND 40,000
網址　www.vme.org.vn

婦女博物館：
革命的女人們

座落在越南河內還劍湖旁邊，一個專門為越南婦女建立的博物館婦女博物館 (Bảo tàng Phụ nữ Việt Nam)。成立於 1987 年，直至後期才對外開放，也被國外旅遊網站評選為亞洲最具吸引力的博物館之一，常有各式主題展覽，館方也負責研究、保存越南婦女相關歷史和文化遺產。

博物館大致分為 3 個主題：家庭女性、歷史女性以及女性時尚。2 樓主要展示各民族結婚的服裝和禮俗，以及生兒育女的過程；往上一層則展示越南女性在戰爭中所扮演的歷史角色，以及在革命戰爭中有所貢獻的女性；最高一層，主要展示越南女性的服飾，能看到越南婦女

各年代的衣著品味，吸引許多西方、特別是女性遊客前來參觀。最普遍的參訪方式是租借語音導覽，細細品味當年充滿能量的「越南女力故事」。

「我知道她！」我說，行經歷史女性展區時，其中一位特別抓住了我的目光，就是阮氏明開 (Nguyễn Thị Minh Khai)，只因為這位女性的名字遍布越南各個街道，因此我對她的印象特別深刻。

這位在越南家喻戶曉的「阮氏明開」，從學校畢業後就被推薦加入革命黨，負責動員北部各省分婦女相關任務，聽說當年還是西貢第一位女性的城委書記。

而博物館中，不只這位知名的「阮氏明開」，還可以看到更多活躍於歷史上的越

南女性，了解當年女性在越南動盪的近代歷史上扮演什麼角色。

女方拿禮品給男方的習俗

少數民族給嬰孩的包巾

婦女博物館
(Bảo tàng Phụ nữ Việt Nam)

★ ★ ★

\# 地址　36 Lý Thường kiệt , Hà Nội
\# 電話　+84(0)438259936
\# 時間　08:00 ～ 17:00
\# 價錢　VND 30,000
\# 網址　www.baotangphunu. org.vn

呈現婦女在路邊叫賣做生意的模樣

01

02 03 04

05

01 室內展出各族形形色色的生活方式　02 越南婦女博物館是外國遊客大推的景點，建議可以加購語音導覽　03 拜拜燒的祭品，例如紙做的玉鐲　04 博物館中有許多圖片說明各族民俗　05 各民族的結婚服裝及禮俗令人嘖嘖稱奇

01 囚犯為了逃獄，於地下水道鋸掉鐵柵的示意模型　02 當年怕犯人持有武器，連食具都特別用椰子殼製作
03 河內火爐監獄的方向指示牌

火爐監獄：關過美國政治大咖！河內希爾頓飯店

在婦女博物館附近的火爐監獄 (Nhà pha Hỏa Lò)，如其名就是越南戰爭期間北越用於關押戰俘的一所監獄，法文名為「Maison Centrale」。當年是一座位於河內的地上煉獄，在興建監獄之前，這裡是製作陶瓷的村落，當地人稱「火爐」，因此火爐監獄之稱呼在後世不脛而走，法國殖民者離開後，越戰期間被北越軍用來囚禁美軍戰俘。

「當年美軍戲稱這座監獄為『河內希爾頓』。」少爺說。聽說 80 年代好萊塢越戰片還以《河內希爾頓》(The Hanoi Hilton) 為名，描述被關在這裡的美國大兵故事。

「不過，這是一間你不想入住的飯店。」

因為這棟於 19 世紀末由法國殖民政權興建的建築，溫馨的鵝黃色從外觀看起來，實在讓人難以聯想牆後有這麼多悲劇。當年許多被關押的越南革命領袖，後來有許多人成為越南共產黨總書記的重要人物；而在 2008 年曾出任美國總統候選人、已故的美國資深參議員約翰‧馬侃 (John McCain)，也是當年越戰時被俘虜的美軍中的其中一人，他在「河內希爾頓」被拘禁了長達 5 年半的時間。

火爐監獄被美軍戲稱為河內希爾頓

關押犯人的地方環境非常惡劣，上廁所要輪流傳送便桶

順 · 道 · 看 · 看

**破金氏世界紀錄的
馬賽克壁畫牆**

國家歷史博物館出來向右
轉過馬路，上了橋沿着高
速公路方向走，就會看到
著名的金氏世界紀錄中最
長的陶瓷馬賽克壁畫，講
述了河內的千年歷史。不
過公路上車來車往，前往
觀賞時也要小心安全。

總長達 4 公里的馬賽克壁畫

在火爐監獄還可以看到行刑的刑具

博物館內你可以見到當年
的監獄日常，面積只有 1.8
平方公尺的牢房、特製的食
器、鐐銬、單人禁閉室。一
開始設計容量只有 600 人的
監獄，到 1950 年代左右一
路收押了近 2,000 人以上，
獄友的生存品質非常惡劣，
有時候甚至連呼吸空氣都要
輪流。

1993 年為了配合河內的
經濟發展，越南政府保留了
火爐監獄的一部分，並登記
為歷史文物，保留監獄的東
南區域，也增加了一座獻給
越南愛國和革命戰士的紀念
碑，旨在讓越南後代莫忘過
去國家奮戰的歷史。導覽則
有越南文和英文兩種語言。

火爐監獄 (Nhà pha Hỏa Lò)
★★★

地址　Số 1, phố Hỏa Lò,
Hoàn Kiếm, Hà Nội
電話　+84(0)243934225
時間　08:00 ～ 17:00
價錢　VND 30,000
網址　hoalo.vn

充滿神祕的越南國父
—— 胡志明

胡志明博物館｜胡志明故居｜胡志明紀念堂

越南紙鈔上都有國父胡志明

以越南銅鼓為意象的歷史照片牆

當代歷史的名人領袖，多多少少都隔著一層高深莫測的面紗，很難完全清楚地被透視，其中越南國父胡志明算是最具代表性的神祕人物之一，旅人對胡志明的第一印象想必就是越南紙鈔上印著的人物。

越南紙鈔數十年來經過屢次改版，始終不變的就是主要肖像國父胡志明。在河內，跟胡志明有關的景點其實都相當集中，可以一次逛完。

胡志明博物館：
了解國父的一生

越南國父胡志明，是越南共產主義革命家，本名叫做阮必成，又號愛國、秋翁，人生中有過許許多多的化名，像是阿三、李瑞、胡光，其中最廣為人知的就是「胡志明」，是他在二次大戰抗日時的化名，最後一直沿用，至今後人也是如此稱呼他；而 1975 年南北越統一後，為了紀念他，南方最大的城

胡志明博物館外觀

館內有許多別致的裝置藝術

市西貢便更名為「胡志明市」。

胡志明出身越南中部義安省的書香門第，父親是一名擔任過官職的教師，後來遷至南方當漢方醫師，所以聽說胡志明的漢語說得極流利。

若要更深度了解這位神祕的國父是如何在亂世中崛起引領革命，河內的胡志明博物館 (Bảo tàng Hồ Chí Minh) 正是一個好地方。這座博物館建於 20 世紀 90 年代，內部展出許多越南如何反抗國外列強的歷史，館內陳列了許多圖片、實物來重現胡志明的一生，還有許多他的手稿以及生前使用過的物品。

博物館內國父胡志明的塑像

博物館內陳列許多當年的手稿與文件紀錄

胡志明博物館 (Bảo tàng Hồ Chí Minh)

★ ★ ★

\# 地址　19 Ngách 158/19 Ngọc Hà, Đội Cấn, Ba Đình, Hà Nội
\# 電話　+84(0)2438463757
\# 時間　8:00 ～ 12:00，14:00 ～ 16:30
\# 價錢　免費
\# 交通指引　搭乘計程車
\# 網址　www.baotang hochiminh.vn

01
02 | 03

01 54 號房屋旁邊還有一個大湖，環境非常清幽　02 胡志明故居的範圍指示圖　03 胡志明喜淡泊，後期居住的綠色高腳屋

巴亭廣場與胡志明故居

胡志明在 1941 年建立了「越南獨立同盟」並當選主席，他帶領越南人民反抗法國殖民者和日本帝國主義者，一直到 1969 年在河內逝世。

帶領越南走向建國之路的胡志明，帶著越南人歷經一段煎熬又漫長的革命歲月，最終領導人民抵抗列強奔向自由。

1945 年越南發生八月革命，9 月 2 日在河內巴亭廣場 50 萬人的群眾集會上，胡志明代表臨時政府宣讀《獨立宣言》，正式宣布越南民主共和國的成立。而胡志明故居 (Khu di tích Chủ tịch Hồ Chí Minh tại Phủ Chủ tịch) 就在巴亭廣場旁的主席府後花園內，原來是在一棟鮮黃色的法式風格建築，又稱第 54 號房屋，在 1954～1958 年間成為胡志明居住和辦公的地方，後搬入不到 30 坪的綠色高腳屋，就是現在稱為胡志明故居的地方，清幽樸實的環境，也能看出這位越南國父淡泊不喜奢華的性格。

胡志明紀念堂：
胡志明陵寢

1969 年越戰尚未終結，胡志明就因心臟病逝世，雖然在其遺囑中載明希望身後被火化，並將他的骨灰葬在越南北中南的山上，但因爲當時戰況特殊，相關人士為顧及人民情感，胡志明的遺體就被迅速且祕密地轉移至叢林山洞中靜待處理。後來遺體被放置於向中國訂製的水晶棺內，細心保存到越戰結束後，這個水晶棺才被移棺至首都河內的胡志明紀念堂 (Lăng Chủ tịch Hồ Chí Minh) 保存。

在河內巴亭廣場胡志明陵寢的水晶棺中，越南人心中的國父已靜躺近半個世紀，旅人進入紀念堂前需經過曲折的通道，才能進到氣氛肅穆的墓室內。胡志明的遺體穿著越南人熟悉不過的卡其色中山裝和橡膠涼鞋，特殊的防腐藥水處理過的遺體看起來就像是熟睡了一般。胡志明一生未娶，在後世的形象被官方形塑成一位不談兒女私情、為國犧牲奉獻的偉人。

陵寢前都有衛兵看守，門廊上方以紅寶石鑲嵌「Chù Tịch Hồ Chí Minh」即胡志明主席

過去法屬期間的總督府與胡志明故居比鄰，現用以辦公與接待官員，不對外開放

順·道·看·看

一柱寺 (Chùa Một Cột)

胡志明博物館附近還有一座始建於 1049 年越南李朝的「延祐寺」，占地不大。相傳李太宗曾夢見觀音手托嬰孩，站立於水池的蓮花台上，不久後李太宗就喜得一子，因此寺廟也設計得像一朵從水中長出的蓮花，所以一般俗稱為「一柱寺」，許多想要求子的越南民眾會前來參拜。

一柱寺也稱蓮花臺，因為寺廟的建築像一朵出水蓮花

地址　Chùa Một Cột, Đội Cấn, Ba Đình, Hà Nội 104-1

胡志明故居
(Khu di tích Chủ tịch Hồ Chí Minh tại Phủ Chủ tịch)
★★★★

地址　Số 1 Ngō Bách Thảo, Ngọc Hồ, Ba Đình, Bắc Giang
電話　+84(0)8044287
時間　夏季 4 ~ 10 月 07:30 ~ 11:00，13:30 ~ 16:00；冬季 11 ~ 3 月 08:00 ~ 11:00，13:30 ~ 16:00；週一下午休館
價錢　VND 40,000

胡志明紀念堂
(Lăng Chủ tịch Hồ Chí Minh)
★★★★

地址　Số 2 Hùng Vương, Điện Bàn, Ba Đình, Hà Nội
時間　夏季 4 ~ 10 月 07:30 ~ 10:30，週六、日 07:30 ~ 11:00；冬季 11 ~ 3 月 08:00 ~ 11:00，週六、日 08:00 ~ 11:30；週一、五休館
價錢　免費
網址　bqllang.gov.vn
注意事項　只開放上午參觀，瞻仰胡志明時，禁穿無袖或是高於膝蓋的裙子或短褲，也不能攜帶手機、相機，並請保持肅靜

降伏越南九尾狐狸！西湖散策與傳說

西湖｜竹帛湖｜鎮國古寺｜真武觀

越南首都河內有一個特徵，就是城內有許多天然湖泊，除了知名的還劍湖之外，景色最怡人的非西湖 (Hồ Tây) 莫屬，湖泊不但可調節河內氣候，還增添了首都的秀色，也分散了人口的分布。

還可以在湖上乘船泛舟

西湖與竹帛湖

西湖面積 500 公頃，周長約 18 公里，原本是紅河蜿蜒淤塞的一段，改道後最後成湖。西湖還有個聽起來有點詭異的名字，叫做「狐屍潭」，來自一場越南人始祖貉龍君如何大敗九尾狐狸精的戰鬥傳說。

而西湖隔壁還有一個竹帛湖 (Hồ Trúc Bạch)，原本是西湖的一部分，17 世紀時修堤將西湖一分為二，成了現在的竹帛湖，沿著青年路漫步，可以欣賞兩湖風景。

竹帛湖還有一個小故事，前面說到在河內火爐監獄當過戰俘的美國前參議員約翰‧馬侃，監禁數年返美後被視為越戰英雄，而竹帛湖正是他在 1967 年遭越共擊落之處。2018 年馬侃因腦癌過世之後，越南民眾也紛紛致哀，將鮮花鋪滿了竹帛湖，弔念這位過去的敵軍、今日的友人。

鎮國古寺：超過一千四百年河內最老的佛寺

暢遊竹帛湖與西湖時，通常不會錯過在西湖邊的鎮國古寺。這座古寺在 6 世紀時由萬春國開國君主李賁所建，也是河內最古老的佛教建築，在 15 世紀曾一度改名為「安國寺」，17 世紀經鄭王修建，19 世紀時才由阮朝統治者定名為鎮國古寺 (Chùa Trấn Quốc)。

竹帛湖上還有高原咖啡廳，可以欣賞湖景喝咖啡

西湖旁邊的鎮國古寺

真武觀：河內最大的道觀

西湖還有一座真武觀 (Đền Quán Thánh)，是河內最大的道觀，建於 11 世紀的越南李朝時期，甚至在李朝後，真武觀都一直受歷代王朝崇敬，所以民間相傳古有九尾狐狸、雞妖等妖怪作亂，只要祈求真武玄天上帝保佑，就可降妖伏魔。

真武觀裡面，供奉一尊於 1677 年鑄造的「真武玄天上帝」銅像，高 3.96 公尺，重則達 4,000 公斤，這座道觀也是考生經常造訪的地方。後黎朝時期，科舉制日趨完善，真武觀裡同時祭祀真武玄天上帝與文昌帝君，所以許多考生會來此地祈求考試順利。

西湖旁鎮國古寺裡的寶塔

真武觀玄武銅像是越南第二大的銅像

西湖
(Hồ Tây)
★★★

\# 地址　Tây Hồ, Hà Nội

竹帛湖
(Hồ Trúc Bạch)
★★★★

\# 地址　Ba Đình, Hà Nội

鎮國古寺
(Chùa Trấn Quốc)
★★★★

\# 地址　Thanh Niên, Yên Phụ, Ba Đình, Hà Nội
\# 電話　+84(0)2438293869
\# 時間　08:00 ～ 12:00，
13:30 ～ 17:00
\# 價錢　免費

真武觀
(Đền Quán Thánh)
★★★★

\# 地址　Thanh Niên, Quán Thánh, Ba Đình, Hà Nội
\# 電話　+84(0)2438293869
\# 時間　08:00 ～ 12:00，
13:30 ～ 17:00
\# 價錢　VND 10,000

名副其實越南「第一名校」
文廟國子監

文廟國子監 (Văn Miếu – Quốc Tử Giám) 又稱「河內文廟」，是一座位於還劍湖西側的傳統孔廟建築，1070 年落成，也是越南第一所高等教育學府。越南李朝開國君主李太祖下詔遷都後，就要求在首都昇龍興建文廟，供奉至聖先師孔子、亞聖孟子和顏回等人，所以文廟在越南歷史上也具有神聖的地位。

一開始是只有王公貴族可以就讀的貴族學校，出身高貴的人才能進去學習，但在 1442 年的陳朝之後，就改成

文廟國子監後堂一隅

來自全國各地的資優生都可以就讀進修儒學。

在公元 1484 年，重視文學的黎聖宗下令在文廟立碑記載進士名單，被登錄的文人是名副其實的「金榜題名」。現在河內文廟保存了 80 多塊進士碑，是相當具有歷史價值的文物，因此除了當年建廟的李聖宗、在文廟旁修建國子監的李仁宗外，文廟的後堂之中也有供奉黎聖宗的塑像，紀念這三位對文廟貢獻卓著的君主。

生於 1292 年的朱文安 (Chu Văn An) 是越南陳朝時著名的儒學家、教育家及醫學家，終其一生從事儒學教育的傳播，朱文安曾任國子監司業，負責傳授

太子經。不過後期朝政日益腐敗，君主沉溺於酒色與美女之間，朱文安上奏《七斬疏》力諫，請君主斬殺七名佞臣，但均未被接受，朱文安就從此隱居，也不再出任官職。由於朱文安對越南儒學的發展有著甚大的影響，因此後人將他視為學術的象徵。

文廟國子監不可錯過的建築與文物

- 奎文閣
- 進士碑
- 進士相關文物

越南儒學大家朱文安又號樵隱先生

文廟國子監
(Văn Miếu – Quốc Tử Giám)
★★★

_____

 # 地址 Hồ Giám, Văn Miếu, Đống Đa, Hà Nội
 # 電話 +84(0)2438452917
 # 時間 夏季 4 ～ 10 月 07:30 ～ 18:00；冬季 11 ～ 3 月 08:00 ～ 18:00
 # 價錢 VND 30,000; 中文語音導覽 VND 50,000
 # 網址 vanmieu.gov.vn
 # 注意事項 參訪的旅人可另購中文語音導覽，其中有許多文廟的有趣介紹

01 文廟中間有個方形的天光井水池　02 文廟奎文閣也是河內象徵的建築之一　03 文廟必看文物古蹟進士碑　04 文廟國子監內販賣很多「考生」紀念品　05 後堂供奉建廟的李聖宗、李仁宗的塑像　06 文廟裡也收藏了當年進士的服裝與教科書等文物

世界文化遺產，媲美上海桂林

海上石林 ｜ 奇石鬥雞石 ｜ 天宮洞

5 00 年前的越南文學家阮廌 (Nguyễn Trãi) 造訪時被眼前的美景震懾，說下龍灣是「高天之間所立起來的奇石」。

走訪下龍灣一定要出海才能盡收美景，乘船穿梭於近 2,000 座的奇石小島之間，登島參觀大自然鬼斧神工的鐘乳石洞，都是下龍灣必去的行程。建議在河內時，就可以請當地旅行社或是飯店協助，訂好下龍灣 1 日遊行程出海。

奇石鬥雞石

龍吐寶石與翡翠

下龍灣位於越南北部，風景壯麗，2,000 多座大小島嶼構成了兩岸秀麗的奇觀。在 1994 年被登錄為世界自然遺產，在 2011 年更獲選為新世界七大奇景之一，連好萊塢電影都曾上門取景。

近 2,000 座星羅密布的丁形形狀岩岩，造型又各具特色，當地人相傳是天上的龍吐出寶石與翡翠，最後幫助越南抵禦海上外敵的天然屏障，成為海上石林。其中最著名的是奇石鬥雞石，由兩塊酷似雄雞站立海面上的奇石所組成，模樣維妙維肖，現在已是下龍灣最具象徵性的景點。

下龍灣海上石林

進入鐘乳石洞彷彿來到魔幻世界

水上村落與海鮮販賣

下龍灣也有許多人家住在堅固的水上房屋中，其中有學校、店鋪與住宅，還有賣海鮮的漁家，有些甚至可以買新鮮魚貨再請船家烹煮料理，是住在陸地上的我們很難得一見的生活方式。但隨著許多海上居民移居陸地，這樣的水上生活型態，未來在下龍灣將越來越少見。

「等等我們會下去參觀海鮮販賣，但看到活跳跳的海鮮請不要亂指。」少爺認真對著我與幾個台灣好朋友說，我們一頭霧水。

下船後看到大尾大尾的魚在海水圈成的水槽中翻動游水，所有人都感到新鮮有趣，但都不敢用手去指說「哇，那條魚好大條啊！」之類的話，少爺邊走邊解釋說，過去他的表哥曾經來過，當下因為看到魚新鮮大尾，用手指去指，結果遇到造成漁家打死該條魚之後要求購買的紛爭。

所以建議各位旅人，避免消費糾紛，在下龍灣最好先確認價錢，決定之後才溝通要購買哪些海鮮，比較不會造成爭議或是被坑。

千奇百怪的鐘乳石洞

下龍灣大大小小的鐘乳石溶洞非常多，島上有 3 個洞穴，1995 年由一位漁民意外發現的天宮洞 (Động Thiên Cung) 是目前最受遊客青睞的洞穴。一踏進洞穴就是讓人震撼不已的景致，造型千奇百怪的鐘乳石，讓人自由發揮想像力，洞中也找來中國桂林設置燈光的專家，規畫天宮洞的燈光，典型的喀斯特溶洞風貌加上不同顏色燈光設計，讓造型多變的鐘乳石，呈現出各式美麗的風貌。

海上石林、奇石鬥雞石
★★★

地址　Vịnh Hạ Long, Hạ Long, Quảng Ninh
時間　全年開放
交通指引　在台灣訂好線上行程，或在河內的飯店訂好行程前往較為方便

天宮洞
(Động Thiên Cung)
★★★★

地址　Gia Luận, Cát Hải, Quảng Ninh
電話　+84(0)2838571512
時間　06:00 ～ 18:00
價錢　免費
交通指引　在河內請當地旅行團包團前往較為方便
網址　www.chobinhtay. gov.vn

漁民賣海鮮的地方

下龍灣鐘乳石洞的奇景與燈光

乘船初探陸上下龍灣

長安名勝群 | 華閭古都 | 三谷碧洞 | 拜頂寺 | 發豔玫瑰聖母主教座堂

陸龍灣所在的長安名勝群（Quần thể danh thắng Tràng An），在 2014 年被聯合國教科文組織，列為越南第一個同時擁有自然與文化的世界遺產，從河內前往寧平省開車 2 個多小時，距離河內市區約 100 公里。

與著名的下龍灣類似，長安名勝群附近也是石灰岩地形，下龍灣被譽為「越南的海上桂林」，而寧平則被稱做「陸上的下龍灣」，所以又稱陸龍灣。兩者最大的差別就在於陸龍灣不靠海，僅是由一條河川貫穿，所以造訪長安名勝群最普遍的玩法就是：搭乘人力小船，遊河觀賞兩岸景致。

進入長安名勝群前的新建城門

人力小船遊河
看盡沿岸奇石

如果你只有一天的時間，建議可以先從參觀「長安」開始，坐人力小船欣賞岩洞，因為這樣的人力小船行程，也約莫需要花掉半天的時間。整趟乘船體驗穿過無數岩洞穴，就像遊歷一座水上大自然的戶外博物館一樣，不但可欣賞沿岸奇石，還能走訪越南丁朝、前黎朝以及李朝前期政治中心的歷史遺跡。這種坐小船探遊洞穴石窟的旅行方式，也對當地自然破壞最小。

旅人可先到「長安名勝群」的售票口買票，再前往碼頭。我跟少爺首次造訪時碰上假日，不少當地越南遊客一窩

寧平遊船可以欣賞許多岩洞

蜂衝向渡船口，形成有點像「逃難」的奇景，也讓現場外國遊客嘖嘖稱奇。方便的是，外國人有獨立的3號渡船口登船，所以相較本地遊客，外籍遊客不太需要等待就可以上船。

而一上船後，船夫會跟大家討論路線，目前有3條路線可供選擇：路線1因為比較長，還會連穿過9個洞穴口，所以是最熱門的路線；而我們則選擇會路經好萊塢電影《金剛：骷髏島》(Kong：Skull Island) 拍攝地的路線。

每條路線都需要花大概2小時左右的航程，划船船夫通常都是當地技巧純熟的阿姨與阿伯，成為自然與文化世界遺產的知名景點後，也為當地創造了許多工作機會，一艘船大概會坐4～8人，人數不足時需要跟他人併船。

寧平陸龍灣獨特的石灰岩構造、山洞、河流等景觀

好萊塢電影《金剛：骷髏島》拍攝留下來的造景

遊船行進中會看到的水亭是殺底片的熱門景點

左邊是越南當地人上船處1與2號碼頭，外籍遊客則是右側人較少的3號碼頭

長安名勝群旅遊區內的原住民

01 寧平陸龍灣景致　　02 華閭古都（圖片提供／ Thy Ng）　　03 三谷碧洞的人力小船（圖片提供／ Thy Ng）
04 三谷碧洞最知名的景致就是坐小船欣賞兩岸的稻米田（圖片提供／ Thy Ng）　　05 購票坐船可遊歷三谷的
3 個洞穴，全程約 2.5 小時（圖片提供／ Thy Ng）

一次看盡東西方宗教建築

若你有較多時間，可以在寧平悠閒地待至少 3 天，慢慢造訪長安名勝群旅遊區幾個較知名的景點。華閭古都 (Cố đô Hoa Lư) 在 11 世紀李太祖李公蘊遷都昇龍前，為越南丁朝、前黎朝的首都，而定都在這裡的原因，則是因為寧平省的地形。除石灰岩喀斯特地貌之外，被高山所圍繞，由一條河貫穿，進可攻退可守、固若金湯，是一個易守難攻、理想的建都之地。雖然古都宮殿建築早已不復存在，取而代之的是祭祀丁朝、黎朝皇帝的寺廟。

三谷碧洞 (Tam Cốc - Bích Động) 最美的景致是搭船遊河，兩岸綠油油的稻田，搭配河流水波與划槳的聲音，讓人萬分放鬆，而在三谷碼頭售票處會統一安排人力小船，全程約 2 小時。遊客 5 ～ 7 月時造訪，可以看見稻田呈現金黃色，而怕熱的人，可以選 10 ～ 12 月造訪，天氣非常涼爽。

拜頂寺 (Chùa Bái Đính) 是東南亞最大的佛寺，並擁有東南亞現今最大的巨大佛像，迴廊往大殿的路上共擺設 500 座羅漢尊者石像，每尊約高達 2.3 公尺，光是前往參觀，便要花費 2 小時以上；如果要參觀整個園區，包括通往一個千年石灰岩的登山古道等，可能還要再預留 2 個小時。

01 ┌ 01 廣大的拜頂寺園區其中的觀世音殿 (圖片提供／Thy Ng)　02 500
02 └ 尊羅漢尊者石像相當壯觀 (圖片提供／Thy Ng)

長安名勝群旅遊區
(Quần thể danh thắngTràng An)
★★★

─────────────

地址　Tràng An, Ninh Bình
電話　+84(0)2293890217
時間　06:00 ～ 15:00
價錢　成人 VND 200,000，孩童 (140 公分以下) VND100,000；費用包含參觀費與船費
交通指引　在河內請當地旅行團包團前往較為方便
網址　trangandanhthang.vn

三谷碧洞
(Tam Cốc - Bích Động)
★★★

─────────────

地址　Đội 2 văn lâm, Ninh Hải, Hoa Lư, Ninh Bình
時間　09:00 ～ 17:00
價錢　船票 VND 100,000 ~190,000
交通指引　從「長安名勝群」觀光售票區驅車，前往三谷 Van Lam 搭船處距離約 10 公里

拜頂寺
(Chùa Bái Đính)
★★★

─────────────

地址　Thôn Sinh Dược, GiaSinh, Gia Viễn, Ninh Bình
電話　+84(0)2293868789
時間　06:00 ～ 18:00
價錢　大人 VDN 50, 000；坐電車每人單趟 VND 30, 000
交通指引　從「長安名勝群」觀光售票區驅車前往距離約 11 公里

越南最北少數民族的居住地

沙巴寢台火車 | 番西邦峰

「沙巴」位於越南北方，是許多少數民族的居住地。前往沙巴市區一定得經過「老街」，老街位處中越邊界，跟中國雲南省的河口市僅一橋之隔，邊境貿易與各類商業活動都相當發達；沙巴也與越南最高峰番西邦峰相鄰，是一個被高山環繞、海拔高溫差大的地方，當地人常說「沙巴的天氣，可以讓你一日體驗四季。」

薩帕利特快列車有舒服的床

抵達老街火車站後，得再另外搭車前往沙巴

可以舒服睡覺的沙巴寢台火車

從河內前往沙巴有許多方式，在公路開通後，搭乘巴士是最快的方式，只要 5 個小時，而且是直達沙巴，費用也比火車低一些；但是我依舊選擇了沙巴寢台火車，雖然費用多一些，還要到老街轉搭乘小巴，卻有不同的新鮮體驗，還可以睡個飽覺，我與朋友 2 個人包下 4 個人的車廂，約 8 個小時的車程睡得也舒服愜意。

從河內火車站搭藍紅相間的薩帕利特快列車夜車

準備上寢台火車的旅客

沙巴寢台火車
★★★★

 # 地址　Vịnh Hạ Long, Hạ Long, Quảng Ninh
 # 價錢　視搭乘火車 USD 40 ～ 110
 # 時間　全年開放
 # 火車　Sapaly Express 來回約 USD 70；Victoria Express 來回約 USD 135 (需預定高級度假旅館「Victoria Sapa Resort」有住客專用的火車，也有接駁車從老街前往沙巴)
 # 注意事項　請當地旅行社協助購買火車票或是報名旅行團行程，若想自行購買，出發前上越南國鐵網站購買車票並確定火車時間，出發當天提早到火車站
 # 網址　越南國鐵：www.vr.com.vn/en

從河內至老街省，我們透過當地旅行社預訂了薩帕利特快列車 (Sapaly Express)，於晚上 10 點從河內火車站出發，隔天早上 6 點左右抵達老街省，再搭 1 小時左右的車前往沙巴；而回程列車於晚上 9 點離開老街，於早晨 5:10 抵達河內。

晚上火車以 40 ～ 50 公里的速度，慢慢行駛於這段由法國人於 1906 年興建的河老鐵路上。越南所有的鐵路都是 1 米寬，屬於比較老舊的鐵路規格。在離開河內市區前，拉開窗簾，火車比鄰民房，行駛好一陣子才進入郊區，背景搭配著微微轟隆作響的鐵軌行進聲音，固定的搖晃節奏彷彿睡在吊床上一樣好睡。直到凌晨 5 點多，車廂服務人員會敲敲每個房門喚醒旅客，提早告知馬上將抵達老街火車站，還可以跟車廂服務人員買杯咖啡醒醒腦。

車廂內還有贈送零食小點

老街火車站

從纜車上可看到令人驚豔的梯田風光

漫步於美麗的梯田間，健行體驗少數民族生活

沙巴多是山路，前往海拔 1,800 公尺沙巴的道路蜿蜒曲折，有時遇雨路面還會泥濘不堪，沙巴的面貌有大半年都深藏在繚繞的雲霧之中，少數民族多半不是很富裕，多數還是以農業為生，眼前梯田收割的稻米，可能就是全族一整年的糧食。從沙巴市區越往村莊的方向走，越往上走空氣越新鮮，層層疊疊的梯田也在眼前延展開來，像是一條通往天上的綠色階梯。

我們 3 月造訪時是沙巴的旅遊淡季，會時不時下點小雨，但在健行的路程中，還是可以看到全家男女老少下田幫忙。當地人說最美的時候是在 7、8 月稻米成熟期，那時候將能欣賞到滿山成熟的金黃稻田所構成的美麗畫面。

其實沙巴有很多村莊，也有很多不同的當地健行行程，旅人可以依照天數與時間選擇自己想去的村莊，探訪少數民族的村落，瞭解各族的生活。那天，我們的地陪導遊是赫蒙族一位名為「Du」的年輕媽媽，而「赫蒙族」其實就是中國苗族的旁支。Du 說要帶我們去一個還沒有被大量遊客淹沒的 Sau Chua 村莊健行，到了目的地山下，甫下車就看見兩位少數民族少女背著籃子，走到了 Du 的身邊，加入我們的健行行列，還手做了兩朵愛心花給我們。

Du 告訴我們健行要走 2 個小時，約 10 公里，她用著不甚流利的英文介紹著自己覺得最美的梯田景點。「我，

赫蒙族，英文，自學，慢慢講。20 歲結婚，2 個小孩，丈夫過世，所以我當導遊，賺錢。」

地陪帶我們到村莊小店吃中餐，忽地一堆小孩湧上來要我們買編織的手飾，我都一一揮手拒絕。「我們要回家。可以買嗎？」跟著我們健行 10 公里的兩個女孩，突然取出民俗編織品，帶著微笑，問我們要不要買？

盛情難卻之下問了多少錢，挑了 2 個編織小包，回到沙巴市區後，才發現我跟朋友是以好幾倍的價錢買下類似的東西。那時才體會到，旅遊業的發展已對沙巴少數民族的生活帶來了影響與改變，所以如果旅人真遇到不想要的商品，建議可以友善且堅定的拒絕。

01	
02	03	04
05	

01 山區健行建議由導遊或當地地陪帶領　02 旅遊業發展後，部分山區少數民族改賣手工藝品或以擔任導遊為主業　03 沙巴處處可見梯田　04 田中可以看見耕田的牛　05 沙巴大教堂前可以看到許多身穿傳統服飾的原住民盤坐

最長纜車！印度支那的屋頂與越南最高峰

　　隔天，我們驅車前往番西邦峰 (Phan Xi Păng)。番西邦峰是中南半島第一高峰，也被稱為「印度支那的屋頂」(The roof of Indochina)，位於越南老街省，距離沙巴只有 9 公里，也是越南境內黃連山脈的主峰，在整個東南亞排名第 9 高峰，海拔高 3143 米，是越南境內的最高峰。

　　這座山一直都是世界登山客最想征服的前幾座大山，由於路程陡峭艱鉅，以往如果想登山紮、營攀登至最高處，就需要另外雇用專業嚮導，花費約 3 天的時間，所以過去一年大約只有 2,000 人能成功攻頂，並非想登頂就能成功。

　　隨著改寫兩項世界紀錄的纜車的完成，非專業登山客的人現在都可以一路搭纜車欣賞高山美景，闔家登頂番西邦峰，不再是遙不可及的夢想。而 SUN WORLD 集團也在番西邦峰經營複合式休閒旅遊園區：SUN WORLD FANSIPAN LEGEND。

01
02 | 03 | 04 | 05

01 番西邦峰上有雄偉的寺廟　02 番西邦峰頂
03 搭乘纜車可以看到美麗的梯田

建 · 議 · 行 · 程

沙巴山區健行

沙巴最適合的旅遊方式就
是健行，這裡住著許多黑
苗族、紅傜族等少數民族，
當地旅行社規畫了短、中、
長不同天數的行程，會由
少數民族嚮導陪同，有興
趣的民眾可以預約報名。

價錢　視行程與造訪的村莊，
1 天 行 程 約 VND 600,000 ～
700,000 起
注意事項　河內市、沙巴鎮
當地旅行社或是飯店，都能安
排山區健行行程，可減少許多
麻煩

04 SUNWORD 的園區
05 登頂番西邦峰後，可以看到美麗的雲海

越南中部

越南中部的會安、峴港、順化與洞海為中部旅遊必去的幾個城市。旅人不但可以享受峴港的美麗潔白的海灘，還能爽吃海鮮撐飽肚子；漫步在會安古城的五彩繽紛的街道；探訪在順化最後一個王朝阮朝的遺跡，享受宮廷料理；還能在洞海參觀驚人的喀斯特洞穴！造訪中越可一次搜集好幾個被聯合國教科文組織列為世界文化遺產的奇景。

峴港擁有綿延數十公里的潔白沙灘，還有湛藍的海水，一望無際的美麗海岸線，被稱為越南東方的夏威夷實不為過，是個適合度假的好去處；而從峴港只要車程30分鐘就可以到會安，一個古色古香充滿懷舊情懷的古城，街道掛滿了各式各樣的燈籠，在夜裡綻放出各種色彩，也是最早一批旅越華商駐足的地方；再往北走一點，順化過去曾為阮朝的京城，是當年的政治、文化和宗教中心，留下不少值得一看的歷史建築群；距離順化幾個小時的路程的洞海省會，則有壯觀的峰牙－己榜國家公園，最適合大自然愛好者，還可以一睹天然的奇岩溶洞穴。

越南中部的景點豐富，不但能夠一次滿足歷史文化、探訪風光美景，還能度假放鬆，絕對讓人「一遊未盡」，各個旅遊願望一次滿足。

此景只應天上有！
難得一見洞內小瀑布

峰牙－己榜國家公園 ｜ 峰牙洞 ｜ 天堂洞 ｜ 黑暗洞

峰牙－己榜國家公園 (Vườn quốc gia Phong Nha - Kẻ Bàng) 是一座位於越南廣平省的國家公園，也是被聯合國教科文組織列入世界遺產名錄的一處名勝，距離省會洞海市約 40 公里左右，往南 200 公里就是古城順化市。

大多數的遊客都會從順化參加當地旅行團，選擇當日來回 1 日遊的行程，視路況交通來回可能費時 6 ～ 8 個小時，我是比較不喜歡坐長途車一路搖到目的地的人，所以選擇包車，一路拉車至峰牙洞所在的洞海市住宿一晚，再從國內機場飛至胡志明市離開。

售票口

買船票進入峰牙洞

從洞海市區到峰牙－己榜國家國家公園，約要 50 分鐘的車程；若要進入峰牙洞 (Động Phong Nha) 需要坐船進入，而且不是以人頭為船費計價，而是需要包一整條人力小船，一艘人力小船最多可接納 12 個乘客，包一整船約台幣 500 元左右，雖然不貴，但是多人分擔還是便宜許多。

峰牙－己榜國家公園
(Vườn quốc gia Phong Nha - Kẻ Bàng)

★★★★

地址　Sơn Trạch, Bố Trạch, Quảng Bình, Việt Nam
電話　+84(0)2323675110
時間　07:00 ～ 16:00
交通指引　多數遊客都在順化找當地旅行社包行程前往，單程路程約 4 小時；搭飛機或火車至洞海市 (Đồng Hới) 機場或火車站，轉乘計程車自行前往
網址　phongnhakebang.vn

峰牙洞
(Động Phong Nha)

★★★★

價錢　門票 VND 150,000 ／人；船票 VND 360,000 ／船 (最多可容納 12 人)

峰牙洞內擁有壯觀石鐘乳和石筍

為前往峰牙洞口，小船一開始會以馬達驅動，過程約20分鐘左右，到了峰牙洞口前馬達會逐漸停止，船家說因為洞內禁止使用馬達，怕影響到洞穴水底生態，洞內全程將改為人力划船，而船頭前後會各有一位划槳人。

遺世美景只在此處有

一進洞口，迎面而來的壯觀鐘乳石和石筍，我們馬上理解這裡成為世界遺產的原因。峰牙洞包含 14 個溶洞，以及一條長長的地下河，目前科學家已探測的長度超過44.5 公里，溶洞的另一側已經是寮國的國土，遊客只能在 1.5 公里的長度範圍之內參觀。

峰牙洞因為大自然水力作用而成，在洞中較深處，當明亮的光線照射到鐘乳石和

抵達峰牙洞口時要改為人力划船入洞

石筍時，會產生不同的光影。平時洞內的水是漂亮的青綠色，某些淺處清澈可見底，我們造訪時因為剛好下雨，水位提高水色變混濁，但是卻能見到只有下雨才見得到的「洞內小瀑布景象」。

「後面就不是船可以進去的範圍了，後面那段還能前進約幾公里，小船還可以再進去，但是就是要簽『生死狀』，而且你要自己划。」船家告訴少爺，僅有少數外國冒險遊客會嘗試這樣的行程。

峰牙洞穴口附近是所謂的入口區域，是所有在陽光下生活的生物的家，而進入洞穴安裝人工照明系統的區域後，即微光區域。透過照明系統可欣賞到整個洞穴宏偉的石筍和鐘乳石，微光區域主要只剩水中生物，而在距離洞穴入口約 1.2 公里的最後一盞燈之後，就進入了黑暗區，必須在專業導遊指導

的狀態下才能進入，裡面可觀察到許多不需要大量光線的生物如蝙蝠等。

創紀錄的雙乾洞

峰牙洞是要乘船的濕洞，而天堂洞 (Động Thiên Đường) 就是個乾洞，對遊客開放的範圍只有 1.5 公里，另外還有需要預約導覽 7 公里的高級方案，從門口買好票後，徒步走 1 公里的路左右就能到洞口，進了洞口就能看到人工棧道，目前也是峰牙－己榜國家公園中大型的單體洞穴之一。

峰牙洞附近的黑暗洞 (Hang Tối) 也是個熱門景點，因洞內沒有人工燈光漆黑一片而得名。黑暗洞於 1990 年發現後開放參觀，遊客得靠 2014 年建造之 400 公尺長的「滑索」(zip-line) 進入，該洞也創下越南最長的滑索紀錄，這種前往黑暗洞的特殊方式，讓遊客趨之若鶩。

天堂洞

★★★★

價錢　成人 VND250,000，兒童 VND 125,000

黑暗洞

★★★★

價錢　旺季時價錢不定，每人約 VND 250,000～450,000（含洞穴參觀入場費與滑索）

01
02
03
04

*01 峰牙洞內有小部分陸地可以上陸觀賞　02 主要的賣點是坐船，但還是有一小段路可以上岸觀賞的奇岩鐘乳石　03 船家會把船的屋頂拆掉，讓大家可以一邊坐船一邊遊洞　04 峰牙洞是個外國遊客還沒有泛濫成災的景點

順·道·看·看

擊敗馬來西亞鹿洞的世界最大洞穴：山水洞

峰牙－己榜國家公園當然不止峰牙洞等洞，2009 年4 月，英國探險家在該公園探索到一個新洞——山水洞 (Sơn Đoòng Cave)，並宣布擊敗馬來西亞鹿洞，成為世界上最大的洞穴。

山水洞大到能夠容納城市街道、摩天大樓，裡面擁有河流、叢林和整個地下生態系統、令人瞠目結舌的鐘乳石遺跡，以及生物的化石，眾多因素讓它成為驚人的自然奇觀，很多人都想要一親芳澤，甚至連電影《金剛》(Kong: Skull Island) 續集也都要參一腳。

目前越南政府已經允許特定的旅遊機構 Oxalis Adventure Tours 安排參觀，但是參觀費是可觀的3,000 美金。參團了也不是馬上就可以到洞穴，要先前往廣平省洞海市，負責的旅行機構會進行一天安全注意事項簡報，花一天左右的時間，才會抵達山水洞的入口，攀爬進入後在裡面紮營幾天，最後再花同樣時間下山回家，而且至少要半年、1 年前預訂。

地點　OXALIS ADVENTURE TOURS 旅行機構
地址　Phong Nha, Sơn Trạch, Bố Trạch, Quảng Bình, Việt Nam
價錢　US0 3,000（需數月前預約）
交通指引　可至下方網址網站報名定訂製行程。要先前往廣平省洞海市至負責的旅行機構 Oxalis Adventure Tours 報到整隊出發
網址　oxalis.com.vn

道·地·體·驗

騎機車遊峰牙－己榜國家公園

峰牙－己榜國家公園長65 公里環狀路線，可以讓人一覽整個美麗的國家公園，除了峰牙洞要坐船參觀，其他自駕路線也可安排前往幾個知名的洞穴如「天堂洞」與「黑暗洞」，騎車的好處就是想下車就下車。除了騎機車，也可以請飯店安排計程車或是計程機車 (Xe Ôm) 約好路線遊覽。

尋找舊日時光！古城慢慢遊

會安古城 | 日本橋 | 均勝古宅 | 馮興古宅

光是越南中部就有三座城市被聯合國教科文組織列為世界遺產，會安古城 (Thành phố Hội An) 就是其中之一，也是許多海外遊客熱愛的景點。早期占婆王國的首都林邑浦就是在會安一帶，所以自古以來這個地區就相當繁榮，也是東南亞重要的港口之一。

公元 1000 年占婆王國的首都林邑浦被越南人占領，時至 16 世紀，從中國來的華人，甚至日本、印度和歐洲的商隊都開始在會安的秋盆江口進行交易，讓會安古城搖身一變成為活躍的港埠城市，多艘船隻往來秋盆河口，會安的國際貿易興盛一時。

欣賞會安的時間，最好在日落前的 2、3 個小時，因為這樣可以同時欣賞到白天

隨處可見的溫暖鵝黃色是會安白天的顏色

「古意綻黃色」的會安，以及即將進入夜晚「燈籠繽紛色彩」的會安。

日本廊橋與日本人留下的痕跡

會安最初是一座被分割的城鎮，以日本橋 (Chùa Cầu)，又稱「來遠橋」為界線，切割出華人區與日本人

區。這座橋由日本人所建造，且以獨特的「有頂蓋」廊橋結構而聞名，來遠橋於 1593 年猴年始建，並在 1595 年狗年完工，所以橋兩端各有兩尊「猴」與「狗」的石雕。由日本商會興建的日本橋，為的是要方便與在會安的華人商業往來。

古城中充滿中西融合的商店，商品精緻，非常好買

會安的夜晚特色就是色彩繽紛的燈籠

日ペ橋又稱來遠橋，是會安必訪景點

橋上充滿日式風味的燈籠

16 世紀末，日本人在會安形成一條「日本人町」，但隨著 1635 年德川家康禁止日本人出國，貿易中斷，會安的日本人町也漸漸沒落，日本人在會安只出現短短半世紀左右。

會安還有一座陶瓷貿易博物館，裡面展出會安地區考古所挖掘出的大量陶瓷，主要包含日本陶瓷，也有中國、越南的陶瓷，出土的陶瓷文物有些甚至可追溯到 8 世紀，透過這些陶瓷文物，也可以一窺過去日本人在越南會安的生活。

「陳富街」充滿華人色彩的會館

走到來遠橋的另一側陳富街上，就能體驗到深深的華人色彩，還有許多華人的後代也還居住在會安，自從會安開埠以來，中國商人也在港口附近建立了許多華人聚落，除了創建廟宇之外，也在會安各自組織會館，像是「福建會館」、「廣肇會館」、「潮州會館」、「瓊府會館」，還有一個華商總館的「中華會館」，現在都是陳富街上重要的華人歷史建築。

這些會館通常跟各地有港口的地方一樣，除了是各地同鄉商人議事的地方，也身兼廟宇的功能，由於大家靠海吃飯，會館內多供奉天后媽祖，以祈禱海上平安，通常也會供奉祈求事業順利的關帝。

日本橋外觀很特別，一座橋連接過去日本區與華人區的位置

日本橋
(Chùa Cầu)
★ ★ ★

─────────────

 # 地址 Nguyễn Thị Minh Khai, Phường Minh An, Hội An, Quảng Nam
 # 價錢 外部免費參觀，上橋需要會安套票（P.74）

01 當年粵商所建立的廣肇會館　02 福建會館的頂部，後來頂部後來加蓋，現在懸吊許多塔香　03 福建會館後殿前右壁面上，有著清光緒時代留下來的貢獻碑記　04 會館外有著中式風格濃厚的造景水池　05 馮興古宅的外觀與內部就是典型會安住宅　06 潮州會館中，展出了當年華商所使用的船之模型

每個老宅都說著
幾代人的生活故事

「在會安有一個分辨古宅的方法，就是看有無『門眼』，有的話十之八九就是古宅；比較新沒有門眼的房子，就會掛上八卦代替。」會安當地的小姐跟我們這麼介紹，少爺則補充說門眼除了有結構的作用之外，也有避邪的功能。

走到均勝古宅 (Nhà cổ Quân Thắng)，我們抬頭一看還真的有兩顆紅紅的眼睛，均勝古宅是會安最老的古宅之一，由華商建於 17 世紀，建築風格融合中日風格，目前為會安貿易港口華商的第六代所有。

近 300 年歷史的會安老宅，利用上好木頭打造的兩層樓建築，至今仍保留完好，整個宅邸雕梁畫棟，充滿了木頭工藝的細節。均勝古宅目前的老屋主還會講一些華語，跟我們介紹他的先祖原

是經營藥材生意的商人，來自福建，這個祖屋已有了300 年歷史，房屋的前半原為店面，後方是起居空間，中庭開了一個小型天井採光。

另外還有馮興古宅 (Nhà cổ Phùng Hưng) 也非常值得一看，廳堂雖不如均勝古宅般雕梁畫棟，但是皆用上等木材建造，也因此能數度抵禦水災。宅邸揉合中、日、越風格，有種「庭院深深」大宅院的感覺，後面內堂仍屬於馮氏家族的住宅，所以僅開放一部分參觀。

房子的第一代主人是個越南人，將這個房子命名為馮興，有希望馮氏一族繁榮昌盛的意味。最神奇的是，會安近河經常會淹水，但整個宅邸結構卻安然無事，原因是用來蓋屋子的木頭均是上好木頭，在廳堂的梁柱底邊也還隱隱約約能夠看到水淹過的痕跡。

均勝古宅
(Nhà cổ Quân Thắng)
★★★★

 # 地址　Thừa Thiên–Huế, Huế
 # 時間　08:00 ～ 17:00（中午休息）
 # 價錢　入內參觀需要會安套票（P.74）

馮興古宅
(Nhà cổ Phùng Hưng)
★★★★

 # 地址　4 Nguyễn Thị Minh Khai, Phường Minh An, Hội An, Quảng Nam
 # 時間　08:00 ～ 17:00（中午休息）
 # 價錢　入內參觀需要會安套票（P.74）

古宅的門眼

鮮豔的花朵襯托鵝黃色的會安，十分美麗

購買超值「會安套票」

來到會安，我會建議你購買會安套票，超過 8 個人可以選擇英文或是越文導遊，帶你遊覽整個會安，自選 5 個景點參觀。以下為主要參觀景點，若不知道 5 個景點該選哪些，可以先參考標記的景點。

紅色鮮艷的福建會館

會安古城販售很多竹製小物

除了會安旅客中心，到了古城附近共有 10 個售票亭都可以買票

地點　會安旅客中心
地址　106 Bạch Đằng, Phường Minh An, Hội An, Quảng Nam
電話　07:00 ～ 20:00
價錢　套票 VND 120,000
網址　www.hoianworldheritage.org.vn

景點	寺廟與其他
★日本橋(Chùa Cầu)	錦鋪亭 (Đình Cẩm Phô)
古宅	萃先堂明鄉 (Tụy Tiên Đường Minh Hương)
進記古宅 (Nhà cổ Tấn Ký)	關帝廟 (Miếu Quan Công)
★ 均勝古宅 (Nhà cổ Quân Thắng)	**博物館**
★馮興古宅 (Nhà cổ Phùng Hưng)	歷史文化博物館 (Bảo tàng lịch sử văn hóa Hội An)
德安古宅 (Nhà cổ Đức An)	★民俗博物館 (Bảo tàng Văn hóa dân gian)
陳古族宗祠 (Nhà thờ cổ tộc Trần)	沙黃文化博物館 (Bảo tàng văn hóa Sa Huỳnh)
阮祥族宗祠 (Nhà thờ tộc Nguyễn Tường)	陶瓷貿易博物館 (Bảo tàng gốm sứ mậu dịch Hội An)
會館	
★ 福建會館 (Hội quán Phúc Kiến)	潮州會館 (Hội quán Quảng Triệu)
廣肇會館 (Hội quán Quảng Triệu)	瓊府會館 (Hội quán Hải Nam)

單車人力車古城遊

在會安古城坐人力車可以說是最舒服的旅遊方式，因為古城內禁止汽車進入，所以多數人都是步行，沒有其他交通工具的阻礙，許多遊客也會請熟知路線的人力車夫帶領來遊古城，可省下不少力氣。

會安禁止汽機車進古城，人力車是最舒服有趣的方式之一

竹船遊河與放燈許願

船家會帶旅客很快地遊河，歷時約 15 分鐘左右，可以盡覽風兩岸風光，而且很涼爽。通常船家還會提供紙燈點蠟燭放水燈，在河中漂流很漂亮；但因環保因素，個人不推薦，因為紙燈燒完，部分會變成河中的垃圾，但是想嘗試的人還是可以嘗鮮，或是可以僅遊船不點燈。

竹船遊河 (圖片提供／Crisha)

入住「客棧」體驗古早生活

永興遺產酒店於 1994 年開業，座落在會安古鎮的心臟地帶。客棧僅有 6 間客房，每間都擁有傳統雕花木製家具，兼顧傳統與舒適，蘊含了濃濃的會安歷史華美之感。而且這間客棧其中的 Heritage Suite 208 房，英國演員米高·肯恩 (Michael Caine) 在拍攝《沉靜的美國人》(The quiet American) 一片時，也曾使用作為他個人的更衣室。如果造訪會安，可以來住住客棧，體驗一下過去的會安生活是什麼樣子。

永興遺產酒店（Vinh Hung Heritage Hotel）充滿古意與風味

可以在河中放紙燈

福建會館
(Hội quán Phúc Kiến)
★★★

福建會館約有 200 多年歷史，也是歷史最悠久的華人會館之一。

 # 地點　46 Trần Phú, Phường Minh An, Hội An, Quảng Nam
 # 時間　08:00 ～ 17:00 (中午休息)
 # 價錢　入內參觀需要會安套票

民俗文化博物館
(Bảo tàng Văn hóa dân gian)
★★★★

靠近河邊的博物館，裡面展出許多越南民俗相關展品以及生活用品，其中還包括越南中部養蠶取絲的文化，是個非常有趣的博物館。

 # 地點　33 Nguyễn Thái Học, Phường Minh An, Hội An, Quảng Nam
 # 時間　08:00 ～ 17:00 (中午休息)
#價錢　入內參觀需要會安套票

從順化古都看越南最後一個皇朝

順化皇城｜啟定陵｜靈姥寺

我第一次來到越南順化古都的時候，感覺順化像是一處早被遺忘的蒙塵之地。現在人們騎著簡單的鐵腳踏車，騎乘噴吐煙霧的機車，在刮著熱風的古老城牆邊上騎行，過去古都的風光早已不復見。。而來到順化就不得不說起越南最後一個皇朝——阮氏皇朝。

很難想像這個沉靜的都市，曾是越南阮朝的神聖首都，在 1802 年，阮世祖阮福映滅西山朝即位，建立阮朝 (Nhà Nguyễn)，改年號為嘉隆；後因中國清朝的衰退與法國殖民政權的崛起，致使越南阮朝是一段歷史較為動盪的時期。直至 1945 年

順化是越南最後的一個皇朝阮朝的首都

最後一位皇帝保大帝向胡志明領導的越盟妥協退位，阮朝正式成為越南歷史上最後的朝代。

自 19 世紀末以來，順化的世界觀就開始發生了巨大變化，特別是法國殖民政權開始影響阮朝的權力中心之

後，又歷經 1968 年順化戰役的空襲轟炸，順化皇城中的宏偉宮殿都遭到損毀，皇城區的某些部分幾乎整個消失，失落的不僅是一座廣闊的皇城，還有過去的生活方式。

越南小紫禁城

北京的紫禁城大名鼎鼎，在越南也有一個小紫禁城。

越南中部的順化皇城 (Hoàng thành Huế) 位處香江河畔，是阮朝的故都，而順化皇城又稱大內皇城，目前也是越南現存規模最大的古建築群。順化最早原為占

順化皇城與護城河

順化皇城的顯仁門

城 (Chiêm Thành) 之領地，是占族人在今越南中部建立的古國，後來被越南取下。

阮世祖滅西山朝後，在 1804 年對越南的統治正式被中國清朝所承認，最後決定順化為據點，在 1804 年開始興建皇城，皇城的建造正是以北京紫禁城為藍本，就像一個縮小版的北京故宮，興建規模約為北京故宮的四分之三。

一進入順化，到處可見漢字與傳統建築，穿過第一道圍牆，就進入了阮朝時期的京城，再往裡走就看到第二道城牆及護城河映入眼簾，後方的範圍就是皇城。

「那不是『來人，推出午門斬首』的午門嗎？」走來到順化皇城門口，更是看到中國歷史劇常出現的「午門」兩個字，我覺得很有趣。

順化皇城歷經了 1968 年順化戰役期間的空襲轟炸

後，至今有大範圍區域呈現斷壁殘垣的狀態，整修工程浩大，參觀時可以感受到一股沒落貴族的滄桑感。隨著 1945 年阮朝最後一個皇帝保大帝在順化皇城午門舉行退位儀式，將象徵權力的玉璽和寶劍交給越盟後，越南最後的朝代──阮朝，正式宣告結束。

雖一再遭遇戰亂等危機，但隨著 1993 年聯合國教科文組織將「順化古蹟建築群」列為世界文化遺產，順化皇城也再度以古都優雅的姿態登上國際觀光舞台。

城內城牆的裝飾

晚上的城門會打燈

許多越南女生也會來此拍畢業照

> **順化皇城**
> **(Hoàng thành Huế)**
>
> ★★★★
>
> ---
>
> **# 地址**　Hoàng thành Huế, Thành phố Huế, Thừa Thiên Huế
> **# 時間**　08:00 ～ 17:30
> **# 價錢**　VND 150,000
> **# 網址**　www.imperialcityhue. com/home-vie.html

陵寢華麗卻無盜墓者覬覦的「啟定陵」

位於順化的應陵 (Ứng Lăng) 是越南阮朝第 12 位皇帝啟定帝阮福晙，為自己耗費 11 年所建的陵墓，所以又稱啟定陵 (Lăng Khải Định)，雖然外表因混凝土建造看起來灰頭土臉，但走進大殿卻可見融合了東西方的華麗元素。

相較起另一個規模較大的孝陵——越南阮朝第二代皇帝明命帝的陵墓 (俗稱明命陵)，啟定陵規模小卻最為精美，且也是動員最多人力興建的一座，應陵傍山建於山丘上，要爬百階樓梯才能上去，殿內以大量的陶瓷及玻璃碎片鑲嵌，以馬賽克拼貼壁畫的奢華風格，讓啟定陵成為目前順化最為人知曉的皇帝陵墓。

「這位皇帝的墓，沒有人要盜，因為大家都知道他受制於法國，身後沒什麼財富。」當地身兼專業地陪的朋友說道。

啟定陵的內部相當華麗

啟定帝在位期間只有短短 9 年，受控於法國殖民政權，猶如當年滿洲國的溥儀，是個不折不扣的魁儡皇帝。在位期間頒布了許多有利法國人的政策，所以啟定帝在當時並不怎麼受越南人歡迎；而且為了興建自己的皇陵，他還加重農民賦稅，曠日費時的皇陵修建在當時還引起了廣大的民怨。

啟定陵現在還可看到當年啟定帝身邊的一些文物，像是法國贈送給他的西洋時鐘，當地人說好巧不巧在被法國「送鐘」的隔年，啟定帝就於 1925 年因結核病去世，得年 40 歲，啟定帝身後只有一子阮福永瑞，也就是阮朝末代皇帝保大皇帝。

順化其實有數個皇陵，但若只能選一個造訪，一定是啟定陵，這座皇陵也是當年耗資最多的一座華麗皇陵。

啟定陵
(Lăng Khải Định)
★★★★★
#地址　Khải Định, Thủy Bằng, Hương Thủy, Thừa Thiên Huế
#電話　+84(0)2343501143
#時間　週一～三、週五～日 07:00 ～ 17:30，週四 08:00 ～ 22:00
#價錢　VND 100,000

啟定陵內部運用大量陶瓷與玻璃碎片鑲嵌

當地人說啟定陵的建造當年是勞民傷財

01 啟定陵的外觀看起來是混凝土的顏色　02 啟定陵內部裝潢非常華麗，風格融合中法國的特色與其他皇陵很不一樣　03 啟定陵外面的廣場　04 仔細一看是大量的碎陶瓷及玻璃碎片鑲嵌　05 啟定帝的照片　06 啟定陵傍山建造，進入皇陵前的入口階梯

感念 400 年前的預言者

在中越的香江河畔有座靈姥寺 (Hoàng thành Huế)，是越南知名古剎，相傳建寺地選在龍脈之首，內有福緣塔、鐘樓和大雄寶殿。而靈姥寺諧音很像台語的「恁老師」還曾一度成為社群媒體上的話題。

建寺的傳說源於 1601 年時，有位老婆婆曾預言，將來會有一位真命天子來此建朝；阮朝建朝後，為了感念這位預言者，便在此地建寺紀念。19 世紀，阮朝後期遭法國侵略及屢遇災難，第四任皇帝怕名字「天姥」觸怒上天，會禍延後代子孫，就改名為「靈姥寺」以示敬天。

靈姥寺在 1963 年時，長駐該寺的釋廣德法師，信奉越南大乘佛教，為抗議當時南越政府領袖吳廷琰政權對佛教的迫害，他開著一輛汽車，助手將 5 加侖的汽油淋到釋廣德身上，釋廣德法師便在西貢的十字路口引火自焚抗議。場面被一名《紐約時報》記者捕捉，照片在全球廣為流傳，至今寺中還保有當年那輛汽車與遺物，讓後人追思。

靈姥寺內的福緣塔是佛教建築，七層代表佛陀的七種化身

釋廣德法師當年開的汽車

靈姥寺
(Hoàng thành Huế)

★★

\# **地址**　Hương Hòa, Thành phố Huế, Hương Hòa Thành phố Huế Thừa Thiên Huế
\# **電話**　+84(0)972751556

靈姥寺內部香火鼎盛

越南人心中的東方夏威夷

美溪海灘｜靈應寺｜巴拿山主題樂園｜龍橋｜鯉魚化龍｜五行山｜占婆石雕博物館

「峴港真的是我心目中最乾淨舒服的越南城市。」這是我數度造訪峴港的真實心得，少爺也說峴港的確也是在越南人心中最宜居的城市之一。

峴港是越南的第 4 大城市，位於越南中部，也是國際知名旅遊雜誌推薦的一生必去 50 個地方之一，擁有綿延 30 公里的白皙沙灘，非常適合放空自由行，最適合的旅遊時間是 2 ～ 5 月，之前有次在 11 月前往峴港，連續 3 天滂沱大雨，連海都沒沾到邊就回家了，因此若是年底造訪，建議行前需先查詢過天氣之後再安排行程。

純淨蔚藍美麗海灘

峴港美麗的美溪海灘 (Bãi biển Mỹ Khê Đà Nẵng) 頂著「世界 6 大美麗海灘之一」的美名，絕對不可錯過！

第二次造訪時，我們選了一間正對美溪海灘的飯店，只要跨過馬路就可以享受蔚藍的海水、柔軟的白沙，黃昏時還可以登上飯店的屋頂，靜靜觀賞日落，感覺非常寧靜浪漫。

供奉亞洲最高觀音像

從峴港市中心出發，只消約 30 分鐘車程即可到達，山茶半島 (Núi Sơn Trà) 上有一座遠近馳名的靈應寺 (Chùa Linh Ứng)，占地 12 公頃，供奉亞洲最高的觀音像。觀音像高達 67 公尺，塑像法相莊嚴，凝視遠方海灣，如果平時有禮佛的人，很適合前往參拜。這裡也是當地居民參拜的地方，一般旅客也可以登上靈應寺遠眺美麗的海岸線。

全球最長的單纜吊車

在峴港市以西 40 公里的巴拿山，是一個闔家歡樂的地方，早期法國殖民時期，被開發成避暑勝地，現在被越南 SUN WORLD 集團接手，在海拔 1,500 公尺處開發了一個具有法國風情的巴拿山主題樂園 (Sun World Ba Na Hills)。

美溪海灘
(Bãi biển Mỹ Khê Đà Nẵng)
★★★★

地址　Bãi biển Mỹ Khê, Phước Mỹ, Sơn Trà, Đà Nẵng, Vietnam
價錢　免費開放

靈應寺
(Chùa Linh Ứng)
★★

地址　Chùa Linh Ứng, Hoàng Sa, Thọ Quang, Sơn Trà, Đà Nẵng
時間　09:00 ～ 21:00；不定休
價錢　免費開放
網址　從峴港市中心坐計程車前往約 15 ～ 20 分鐘，車資約 VND 100,000 ～ 120,000。

峴港有很多靠海邊的飯店，跨個馬路就是海灘

山茶半島的靈應寺

01 有佛手托住的黃金天橋是巴拿山打卡熱點 (圖片提供：Crisha)　02 靈應寺中的亞洲最高的觀音寺像　03 峴港地標龍橋　04 巴拿山主題樂園中的法國村 (圖片提供／Crisha)

這座樂園擁有金氏世界紀錄全球最長的單纜吊車，長 5,800 公尺。對於大人布來說，可乘坐纜車欣賞絕美的纜車山景；對小朋友來說，園區還有室內遊樂園「奇幻世界」(Fantasy Park)、越南婚紗熱點「法國村」，及法國人興建的「隱蔽酒窖」，還可以在「愛情花園」漫步，適合闔家玩樂。

上去巴拿山主題樂園前，旅客要注意溫差並帶把雨傘，因為山上溫度較平地低了約 6 ～ 8 度。上去巴拿山主題樂園的路途上，有一座黃金天橋 (Golden Bridge)，位於巴拿山的山區度假區，天橋的外觀呈現金黃色，造型很像佛托，大橋最近被用作舉行新娘時裝展的場地，吸引不少喜歡「打卡」的遊客。

象徵峴港繁榮的陸橋

峴港知名的漢江上，有 7 座各具風格的橋梁，其中龍橋 (Cầu Rồng) 就是最具代表性的地標，全長 666 公尺，共有 6 條行車線，為了慶祝越戰結束 38 週年而建造，也是峴港繁榮的象徵，2013 年落成通車。龍橋上安裝了超過 2,500 顆燈，晚上會綻放出閃耀的虹光。

新加坡有知名的地標魚尾獅，龍橋的附近也有一隻鯉魚化龍 (Cá chép hóa rồng)，重 200 噸，高 7.5 公尺，龍頭是以越南李朝的「翔龍」

作為靈感，身體則是「鯉魚」，鯉魚化龍身上布滿魚鱗，魚尾有如兩隻手開蓮花的姿勢，象徵著團結和平與興旺，若在白天經過龍橋，也可以順道參觀。

順 · 道 · 看 · 看

愛情鎖橋 (Cầu Tàu Tình Yêu Đà Nẵng)

鯉魚化龍的旁邊還有一個峴港愛情碼頭「愛情鎖橋」，仿效法國塞納河畔的愛情橋創意。當地有很多年輕人在碼頭買鎖刻上名字，將鎖扣在橋上，象徵愛情永誌不渝。

愛情鎖橋讓年輕人趨之若鶩，將愛情紀念刻在鎖頭上

道 · 地 · 體 · 驗

週末夜遊龍橋
★★★

龍橋最特別之處就是每逢週末或重大節日會「龍鳴」，晚上 9 點準時上演長約 15 分鐘的「水火秀」，橋體會有燈光變色，橋上龍頭不但會噴出火球，甚至還會噴出強力水柱，是週末晚上一個有趣的景點，吸引許多人前往觀賞。

鯉魚化龍是峴港龍橋旁邊的地標

巴拿山主題樂園 (Sun World Ba Na Hills)
★★★

地址 Thôn An Sơn, Xã Hoà Ninh, Huyện Hoà Vang,Đà Nẵng
電話 +84(0)905766777
時間 08:30 ～ 18:30
價錢 成人 VND 700,000，兒童 (身高低於 130 公分) VND 550,000
交通方式 從峴港市中心坐計程車前往約 1 小時，可請飯店協助包車前往
網址 banahills.sunworld.vn/lien-he

龍橋 (Cầu Rồng)
★★★

地址 Nguyễn Văn Linh, An Hải Trung, Hải Châu, Đà Nẵng
電話 +84(0)905766777
時間 08:30 ～ 18:30
網址 banahills.sunworld.vn/lien-he

鯉魚化龍 (Cá chép hóa rồng)
★★

地址 Trần Hưng Đạo, An Hải Trung, Sơn Trà, Đà Nẵng
電話 +84(0)905766777

爬上望水的瞭望台可以看到五行山的其他四山與山下景致

多數遊客會去造訪五行山中的水山

五行山
(Cá chép hóa rồng)
★★

 # 地址 81 Huyền Trân Công
Chúa, Hoà Hải, Ngũ Hành
Sơn, Đà Nẵng
 # 電話 +84(0)2363961114
 # 時間 07:00 ～ 17:30
 # 價錢 入場費 VND 40,000
(可選擇坐電梯, 但要另購票
VND 15,000) ; 陰府洞要另外購
票 VND 20,000
 # 交通方式 從峴港市中心坐計
程車前往約 10 分鐘
 # 網址 nguhanhson.org

占婆石雕博物館
(Bảo tàng Điêu khắc Chăm
Đà Nẵng)
★★

 # 地址 02, đường 2-9, thành
phố Đà Nẵng
 # 電話 +84(0)2363574801
 # 時間 07:00 ～ 17:00
 # 價錢 VND 60,000
 # 交通方式 在龍橋附近, 峴港
市中心坐計程車前往約 5 分鐘
 # 網址 hchammuseum.vn

全球獨有的地貌景觀

　峴港另一個知名景點五行山 (Cá chép hóa rồng), 坐落在峴港海岸線不遠處, 五行山的名字是由陰陽演變過程的五種動態而來, 分別是金山、木山、水山 (其實是兩座山組成, 陰火山與陽火山)、土山, 五行各山是在明命帝阮聖祖時期定名。

　而在更早之前, 5 座山的形成還有一個占婆時期的傳說, 相傳有個漁夫因船沉漂流至此地, 見到一隻神龍生了一顆蛋, 最後蛋孵出來是位美麗的女生, 後嫁給了占婆國王, 蛋殼碎裂成 5 片, 就變成現在的 5 座山。

　只要登上了五行山中最高的水山, 就可以眺望峴港綿延的海岸線 ; 而水山上有許多天然的石灰岩洞, 裡面供奉不同的神祇, 在登山的過程中, 可以進入石灰岩洞參觀各式佛像, 與欣賞頂射進洞內所造成的奇幻光束。

　最巧的是, 除了山茶半島與巴拿山之外, 五行山上也還有一間靈應寺, 也是 3 間靈應寺中最古老的一間 ; 水

水山上其中一個石灰岩山洞「陰府洞」入口

峴港占婆石雕博物館

山上多座天然石灰岩洞，其中最大的「玄空關」，供奉一尊約 4 公尺高的佛像。

如果行動不便或是懶得流汗爬山，也可以另外買票坐升降電梯上山。五行山以出產大理石材為名，有 5 種不同色質的大理石，沿路可以看到許多石雕藝術品店，石雕產業在當地已經有 400 多年之久，但現在已經禁止開採，改為從越南他處購買石材。

蒐羅越南占婆文物

峴港的占婆石雕博物館 (Bảo tàng Điêu khắc Chăm Đà Nẵng) 也很值得一提。19 ～ 20 世紀初，當年法國人組成團隊搜集占婆文物，後來在 1915 年建立了這個位於峴港的博物館，館內搜集羅列了許多越南中南部出土，且極富文化價值的占婆石雕。

「濕婆與梵天、毗濕奴並稱三大主神，而這是象神。」當地的導遊對著其中一個象頭的石雕說起故事。

「主神濕婆離家的時候，妻子雪山神女生下孩子迦內薩，結果某日濕婆返家發現一名年輕小伙子在家，以為老婆紅杏出牆，一氣之下砍下年輕人的頭。後來才發現是自己長大成人的親生兒子。故事急轉直下，濕婆求助於眾生的保護之神毗濕奴，將大象的頭安在兒子的屍首上讓兒子復活，濕婆的兒子就此成了象頭神。」搭配石雕，我覺得其實是一個相當驚悚的家庭悲劇故事。

這座博物館雖然規模不算大，但卻是目前越南有關「占婆文物」最大的博物館，主要有兩間展示廳，展出數百件展品，若對占婆文化有興趣的人，千萬不要錯過這座占婆石雕博物館。

▌順 · 道 · 看 · 看

世界遺產！越南版吳哥窟—美山聖地 (Thánh địa Mỹ Sơn)

★★★

美山聖地 (Thánh địa Mỹ Sơn)，又稱美山遺址，座落峴港約 1 小時 20 分鐘車程的美山村，古老寺廟群以紅磚為材，建築體擁有人獸裝飾花紋，為 4 ～ 14 世紀古代占婆王朝祭祀之地，原隱沒在雨林之中，直到 1898 年重新回到世人眼光；但越戰期間因美軍轟炸埋下無數地雷，70 座寺廟與古塔只有 20 座倖免於難，目前是東南亞相當重要的印度教寺廟遺址。

地址　Xã Duy Phú, Huyện Duy Xuyên, Tỉnh Quảng Nam
電話　+84 (0)2353731309
時間　全年無休 6:00~17:00
價錢　門票 VND 150,000
交通方式　事先於 Klook 等旅遊網站訂購從會安出發的行程、請旅館安排或跟當地旅行社報名 1 日遊行程較妥當
網址　mysonsanctuary.com.vn

美山聖地於 1999 年聯合國教科文組織列入世界遺產名錄

旅人最想造訪的越南南部城市，當屬曾被法國殖民政權統治過的胡志明市！帶點異國色彩的文化、飲食，甚至連建築都保有了一些法式的影子，從嘈雜紛亂的交通與熱絡「人行道經濟」小吃攤販，還能體驗這個城市獨樹一格的市井魅力。

但越南南部好玩的不僅是大城市，在胡志明市東北方的「大叻」，海拔1,500公尺的地形，讓這裡有別於南越的濕熱，涼爽溫和的舒適天氣，讓大叻成為當年法國殖民時期的避暑勝地；位於越南東南方的美奈，從默默無聞的小漁村，演變成知名的海濱度假勝地，靠海又擁有如「撒哈拉沙漠」般的紅白沙丘，轉個彎馬上可以體驗海、沙不同景致，這樣特殊的自然景觀，更是讓旅人趨之若鶩。

還有旅人戲稱為「小資版馬爾地夫」的越南芽莊，為越南東南部港口城市，有人說夢裡的度假天堂就是這個樣子，無論玩跳島還是沙灘上曬太陽，芽莊都是逃離煩囂的一個好所在。

越南南部不但可以上山下海，還能玩沙漠，一次享受數種不同的地形體驗，這樣的獨特魅力風情，也讓南越的旅遊熱潮始終不減。

越南蜜月勝地！花都霧中山城

瘋狂屋 ｜ 春香湖 ｜ 大叻市場 ｜ 大叻夜市

仲夏時節的越南，天氣熱情如火，離胡志明市東北 300 公里處的大叻 (Thành phố Đà Lạt) 位於越南南部，是個海拔 1,500 公尺的高原，平均溫度落在攝氏 17 ～ 18 度，前身是 1890 年代法國殖民時代留下的避暑勝地，當年法國人在大叻蓋別墅、林蔭大道，所以大叻與許多越南城市不同，是個頗富盛名、擁有歐洲風情的山城小鎮，時常會有讓人身處歐洲的錯覺。

如果你只有 2 天的時間，也參訪過越南美麗的海邊，那可以考慮去山城大叻！大叻是一座很適合放空的城市，森林的環抱加上復古的法式別墅，有別於越南其他地區的炎熱；大叻擁有瀑布、湖泊等景觀，溫和的氣候也有利於農作物種植，例如：蘭花、玫瑰、朝鮮薊及釀酒的葡萄。

越南女版「高第」

說到大叻特色建築與住宿就不能不提到瘋狂屋 (Crazy House)。

瘋狂屋的建造者鄧越娥 (Đặng Việt Nga) 曾留學俄羅斯，是一位在 1972 年就已取得建築博士的越南女建築師，也是前任總書記長征 (Trường Chinh) 的女兒。她非常喜歡旅遊，也很喜歡大叻的環境，父親雖貴為中央高層，但鄧越娥一直都自力更生，沒有尋求家庭幫助，她心中一直有個理想的建築樣貌與藍圖，但因為缺乏資金，這個建築夢想一直無法實現。

大叻的電視塔看起來就像巴黎鐵塔

瘋狂屋外型獨特，吸引許多遊客

直到鄧越娥跟銀行貸款後，瘋狂屋建案才於 1990 年得以動工。但當年卻被建築公會抗議，說這樣的設計實在不符合越南美感，接著政府拒絕批准建案，多次退件發公文拒絕，鄧越娥一直到第 7 次送件時，在附帶許多嚴格的條款下才取得批准；而瘋狂屋狂放的造型，讓外國旅客絡繹不絕，旅客的大力捧場成了建案批准的助力之一，也讓當地政府體認到瘋狂屋所帶來十分驚人的觀光價值。

瘋狂屋一開始其實打算命名為恆娥別墅 (Biệt thự Hằng Nga)，靈感來自越南民俗故事中的月亮神樹，後因跟其他旅館撞名，才從善如流改成現在廣為人知的瘋狂屋 (Crazy House)。

鄧越娥的建築想傳遞人與自然的關係，她所蓋的首棟建築就是以「枯樹」為造型，傳遞環境保護的概念。鄧越娥也深受加泰隆尼亞建築師高第的啟發，旅館造型奇妙又瘋狂，以誇張怪異的風格成為大叻著名景點，也可以選擇留宿一晚嘗嘗鮮，會是相當特別的體驗。

01 | 02
03
04

01 瘋狂屋的紀念品店還有奇妙的藥酒　02 雄鷹、葫蘆造型的房間　03 瘋狂屋內部像是童話故事的場景　04 進房間前的蜿蜒小道饒富趣味

01 | 02 / 03　01 春香湖從各個角度來看都很漂亮　02 林園廣場上有個咖啡廳，也是打卡熱點　03 湖光山色彷彿來到歐洲

風景秀麗的人工湖泊

很多人一定很難想像春香湖 (Hồ Xuân Hương) 是一個人工挖出來的湖泊，於 20 世紀初法國殖民時期時開挖而成，處於大叻的心臟地帶，地理位置非常優越。春香湖在 1953 年時，以一位越南女詩人胡春香 (Hồ Xuân Hương) 的名字命名，胡春香被譽為越南最偉大的女詩人之一，生於後黎朝末年。很多國家都曾借中國的漢字拼寫自己語言，「喃字」則是當年越南自成一套的漢字系統，而胡春香非常擅寫喃字詩詞，不但詩風大膽潑辣，她的詩文精妙，經常含藏一語雙關。

春香湖旁邊還有一個林園廣場 (Quảng Trường Lâm Viên)。林園廣場是一個公共廣場，不但有咖啡廳也能輕鬆散步，下方還有一個 Big C 超市，天氣好的時候還可以坐天鵝船遊湖，廣場上的最新地標就是這個綠色的玻璃帷幕咖啡廳 —— DOHA CAFÉ ĐÀ LẠT，外型模仿大叻盛產的朝鮮薊花瓣，是越南年輕遊客的打卡熱點！

瘋狂屋
(Crazy House)
★★★★

地址　03 Huynh Thuc Khang Street,Ward 4,Dalat City 67000,Lam Dong, Trần Phú, Phường 4, Tp. Đà Lạt, Lâm Đồng
電話　+84(0)2633822070
時間　08:30 ～ 19:00
價錢　VND 40,000
交通方式　市中心春香湖附近出發：步行約 35 分鐘、搭乘計程車約 8 分鐘
網址　www.crazyhouse.vn

春香湖
(Hồ Xuân Hương)
★★★

地址　Phường 1, Thành phố Đà Lạt, Lâm Đồng

大叨市場

來買在地生鮮蔬果！

店家會將酪梨切片碾碎，加上冰、煉乳與牛奶，熱量爆表但非常好喝

位於春香湖不遠處的大叨市場 (Chợ Đà Lạt)，也是在地人文特色的縮影、反映了在地文化。而由於氣候加上地勢高，市場內有很多當地的有趣特產和農產品，販賣的產品相當多樣化，例如朝鮮薊、花椰菜等蔬菜；還有各式花卉像是雛菊、百合等。

水果則有草莓、葡萄和酪梨，也因此在大叨市場最受遊客歡迎的就是草莓果醬，還有著名的大叨紅白葡萄酒。大叨所在的林同省其實是全越南產最多酪梨 (Trái bơ) 的產地，連尺寸都比墨西哥的品種還大上一倍，到了大叨市場如果看到了，建議不要錯過，記得嘗試新鮮酪梨飲品。

「大叨最出名的就是酪梨！你一定要吃。」。因為台灣的酪梨很貴，看到綠色飽滿的酪梨後，我那時買了

2 斤回胡志明市，自己另外買了煉乳搭配牛奶做水果冰沙，健康又充滿飽足感 (好吧，除了煉乳的部分) ！

逛夜市呷甜甜

來到大叨，晚上如果不去逛夜市會很可惜。一到傍晚，大叨市場前面的攤販會逐漸靠攏，為夜市開市做準備。大叨夜市 (Chợ đêm Đà Lạt) 大概由一條 1 點多公里長的街道為主體，集結了特色小吃、各種美食、商品，各種紀念品。來到大叨絕對要嘗試由大叨引起流行的「越南紙餅 (Bánh tráng)」。

大叨以出產水果出名

大叨市場
(Chợ Đà Lạt)

★★★★

地址　Phường 1, Thành phố Đà Lạt, Lâm Đồng An Giang
時間　06:00 ～ 17:00

大叨夜市
(Chợ đêm Đà Lạt)

★★★★

地址　大叨市場外
時間　17:00 ～ 22:00；不定休

大叻市場有許多農產雜貨

第一次吃越南紙餅，就喜歡上它的口感，超好吃

建·議·行·程

大叻－芽莊

山城「大叻」離靠海的「芽莊」不算遠，從大叻搭乘長途 OPEN 巴士前往芽莊，大約 3 個小時，在台灣出發前可以在旅遊網站直接購買行程。

從胡志明市往返大叻的巴士都可以躺著睡覺

順·道·看·看

Le Chalet Dalat 咖啡廳
★★★★

離大叻瘋狂屋非常近，在地的朋友推薦我去了這間充滿綠色植物的咖啡廳，餐點、甜點也都非常美味，建議參觀瘋狂屋後，也可以造訪這間高質感的可愛咖啡廳。

地點　6 Huỳnh Thúc Kháng, Phường 4, Thành phố Đà Lạt, Lâm Đồng
電話　+84(0)996345678
時間　07:00 ～ 21:00
價錢　VND 40,000
交通指引　瘋狂屋的對面
網址　www.facebook.com/lechaletDalat4

咖啡廳的櫃檯有著非常可愛的插畫

餐點非常美味

蓮花麵包坊
(Liên Hoa Bakery)
★★★

在山城逛逛時發現的大叻連鎖麵包店，自設烘焙工房，每天烤出香噴噴的各式麵包，我就是被味道吸引進去，買了現點現做的越式法國麵包，便宜又好吃，十分推薦。

地點　15-17, 19 Ba Tháng Hai, Phường 1, Thành phố Đà Lạt, Lâm Đồng
電話　+84(0)2633837303
時間　06:00 ～ 21:00
價錢　VND 30,000 起

4 層樓高的蓮花麵包坊是當地 CP 值很高的烘焙坊

現點現做的越式法國麵包

當年美軍與俄羅斯大兵們的度假天堂

芽莊海灘 | 珍珠島度假村 | 芽莊大教堂 | 占婆塔

芽莊位於越南中部沿海地區，是慶和省的省會，雖不算超級國際級的旅遊景點，但慢活的感覺與陽光海灘，則讓這裡成了令人流連忘返的度假天堂。

常年平均溫度為 28 度，在越戰時期，芽莊就是美軍的度假勝地。其後 1979 年，蘇聯和越南簽訂協議，租用金蘭灣 25 年，在 80 年代時，金蘭灣便成了蘇聯在海外最大的軍事基地，直到 2002 年俄羅斯海軍駐越單位才撤出金蘭灣；而當年附近的芽莊沙灘因為地理位置的關係，因此成為俄羅斯士兵的

前往 Vinpearl Land 的纜車

度假勝地。

碧海藍天芽莊海景

芽莊海岸線蜿蜒長達約 7 公里，在芽莊海灘 (Bãi Biển Trần Phú Nha Trang) 上享受日光浴是非常幸福的事

情，什麼都不做躺在海邊放空，也是輕鬆愜意，特別是芽莊海灘的乾淨沙質柔細，行走或躺在沙灘上非常舒服，只是要記得準備好防曬乳與泳衣。

再從海岸邊往對岸看，你還可以看到「VINPEARL」幾個模仿好萊塢風格的大

芽莊海灘的海天一色讓人流連忘返

字，那就是珍珠島主題樂園 (Vinpearl Land) 的所在地。前往度假村除了坐快艇和渡輪之外，遊客還可以乘坐長達 3,320 公尺長的纜車，也是越南最長的跨海纜車前往竹島 (Hòn Tre) 上的珍珠島度假村 (VINPEARL LAND NHA TRANG)。該島曾經做為離島監獄使用，後來開發成為水上樂園、主題遊樂區以及五星級度假飯店，也是適合全家老少遊玩的好地方。

珍珠島有遊樂園，也有水上設施

道 地 體 驗

芽莊外島 1 日遊行程

如果再沿著沙灘旁大街散步，也有當地旅行社行程，可以選購附近「四島跳島」一日遊行程，一般行程就包含接送、出船費用、午餐用餐等，如果要另外增加體驗活動如海上滑翔傘、海底漫步、浮潛、衝浪等，都需另外收費，可以洽詢飯店。

芽莊還可以安排浮潛行程

男女都可以享受的泥浴，女生可以穿泳衣下去

芽莊人大推！不用到冰島也可以泡到「泥漿浴」

當地人必推的行程就屬芽莊泥漿浴。泥漿浴是芽莊一大特色玩法，泥漿中富含礦物質，是一個放鬆身心和恢復活力的好地方，從熙攘的城市暫時撤退，享受私人或共享泥浴池。芽莊當地人認為天然泥浴有助於身體排毒和舒緩肌肉疲勞，裡面還添加天然草藥煮出的藥湯浴，可以保養美容，修復部分皮膚問題。

 # 地點 塔婆泥漿 SPA 中心 (Suối khoáng nóng Tháp Bà)
 # 地址 15, Ngoc Son Street, Ngoc Hiep Ward, Ngọc Hiệp, Thành phố Nha Trang, Khánh Hòa
 # 時間 無休
 # 價錢 視看選擇的方案費用不同；基本泥漿浴 VND 200,000
 # 交通指引 搭計程車前往
 # 網址 tambunthapba.vn

芽莊海灘
(Bãi Biển Trần Phú Nha Trang)
★★★★

 # 地址 Trần Phú, Nha Trang, Khánh Hòa
 # 價錢 免費開放
 # 備註 住宿時可以挑選陳富街 (Trần Phú) 上的飯店，離海灘很近

珍珠島度假村
(VINPEARL LAND NHA TRANG)
★★★

 # 地址 ĐĐảo Hòn Tre, Phường Vĩnh Nguyên, TP.Nha Trang, Tỉnh Khánh Hòa.
 # 電話 +84 (0)2583598123
 # 時間 08:30 ～ 21:00
 # 價錢 VND 880,000
 # 交通方式 從芽莊市區搭乘計程車到碼頭，可選擇坐纜車或坐船，搭乘纜車約 10 分鐘，搭船約 20 分鐘
 # 網址 nhatrang.vinpearl land.com
 # 備註 芽莊市區很多當地旅行社代售門票跟包套行程，如果只單買門票可以現場購買，會比較便宜

01
02 | 03

01 從高處一覽芽莊漁港　02 芽莊大教堂　03 芽莊的占婆塔是當地知名景點

莊嚴的芽莊大教堂與
占婆遺址

如果想在市區逛逛，在芽莊有座哥德式石頭建築，當地稱為芽莊大教堂 (Nhà thờ Núi Nha Trang)。當年由一位法國傳教士興建，位於城市中高 12 公尺的高處，地處地勢較高的地方，可以瀏覽芽莊景色，吸引許多遊客的目光。

芽莊也有占婆時期的遺跡，稱作占婆塔 (Tháp Bà Ponagar)，在 8 世紀就已經建造，直到 17 世紀越南人占領占城，便將其改名為「天依聖母廟」。

占婆塔是印度教建築

東南亞唯一！體驗大漠風情

紅沙丘 ｜ 白沙丘 ｜ 仙溪 ｜ 婆薩努塔

我在 Instagram 上發了一張在越南美奈 (Mui Ne) 紅沙丘上拍的照片沒多久後，台灣的一個朋友就留言發問，「這是哪裡？」 其實他是想問：「這真的是越南嗎？」

美奈位於胡志明市和芽莊之間，身在平順省的美奈距離胡志明市約 200 公里，距離胡志明市大約 4 小時車程，而且還有新鮮的海鮮可一飽口福。有陣子是天寒地凍的俄羅斯人眼中的度假天堂，熱潮過後路上還可以看到不少俄文，歡迎俄羅斯遊客。12 ～ 5 月為其主要觀光時段。

在紅沙丘可以租簡易塑膠墊，體驗滑沙

越南也有撒哈拉？

美奈因為擁有廣大的紅色和白色沙丘而聞名，而美奈的沙丘可以一次滿足兩個需求。特別是紅沙丘 (Đồi Hồng)，赭紅色的沙色非常特別，最佳造訪時間是凌晨約 6 點左右，因為可以看到日出，天氣也比較涼爽，沙質柔軟，腳踩在上面也能輕鬆行走。看到堆積成一座座陡峭的小沙坡，讓人有種到了撒哈拉沙漠的感覺。

其實除了比較近的紅沙丘外，美奈還有一個白沙丘 (Đồi cát Bàu Trắng)，就像一片沙漠，比紅沙丘看起來更加原始，令人歎為觀止，但白沙丘也不太容易前往，距離美奈市中心約 1 小時的車程。紅色和白色沙丘飯店都有 1 日遊行程，不想勞心安排自行前往的旅人，也可以詢問飯店。

美奈是一個擁有美麗海灘的漁村小鎮

01|02
03|04

01 在白沙丘上騎越野車也是一種新鮮享受（圖片提供／林其） 02 美奈的紅沙丘是拍照好地方 03 美奈也有許多 Villa 有獨棟含泳池的面海房型可以選 04 前往美奈的路上，在同屬潘切省的平順可以吃到新鮮的火龍果

紅沙丘
(Đồi Hồng)
★★★★

地址　706B, Khu phố 5, P.Mũi Né, Phan Thiết, Bình Thuận

白沙丘
(Đồi cát Bàu Trắng)
★★★

地址　Xã Hòa Thắng, Bắc Bình, Bình Thuận

美奈的沙丘讓人可以躲避都市的洶湧人潮與高聳大樓，造訪美奈沿著海灘與沙丘散步時，輕而易舉地就能避開紛擾與人群。只因為美奈相對偏僻，得坐客運、包車或是參加數日當地團，才有機會抵達。

參觀紅、白沙丘最好的方式是爬沙丘，除了免費，對大腿肌肉也是很好的磨練。高高低低的沙丘蜿蜒，紅沙丘還有個角度能眺望到海。

有些人會從沙丘頂衝下去，想看看自己可以跑多久，體驗陷落的速度感。想體驗更多這種飛翔速度感的人，還可以跟周邊攤販花點小錢借道具滑沙，不過僅是簡陋的塑膠板，可就沒有專門的滑板、頭盔與指導人員。但因為沙丘幅度也不陡峭，只要簡單彎曲雙膝，就可以滑到坡底，是很有趣的體驗。

站在白沙丘的感覺像是來到沙漠（圖片提供／林其）

進入仙溪往後走，別有洞天

仙溪
(suối tiên mũi né)
★ ★ ★

地址　67 Huỳnh Thúc
Kháng, Phường Hàm Tiến,
Phan Thiết, Bình Thuận

婆薩努塔
(Tháp Po Sah Inư)
★ ★ ★ ★

地址　Phú Hài, Thành phố
Phan Thiết, Bình Thuận,
價錢　VND 10,000

土耳其卡帕多奇亞和
美國大峽谷的縮影

越南話直翻叫作仙溪 (suối tiên mũi né)，有人給了一個更美的名稱「仙女溪」，是美奈的主要景點之一。一條流過怪岩中的小溪，將山岩與怪岩密林的景色一分為二，由於紅土的關係，所以水色看起來也是橘紅色。這條溪很長有好幾個入口，很多人都會自行開發入口，有的要收門票，有的不用收錢，只要進去之後點杯飲料即可，收費較混亂，但費用都不高。

仙女溪特殊的景致，對喜愛攝影的人來說，根本就是天堂。水深其實只到腳踝，連我 80 歲的奶奶造訪越南時，都可以下水慢步欣賞風景，奇岩兩側則是鬱鬱蔥蔥

的植被，越往後走會看見越多紅土與岩石，身走其中會覺得好像是在縮小版的超現實土耳其卡帕多奇亞，混合美國大峽谷的景致。

越南中部古國的遺跡
占婆塔

從胡志明市驅車前往美奈時會經過潘切市，在 17 世紀之前都還是占婆王國，為占族人在越南中部地區建立

的古國，現在在柬埔寨還有許多占族人，位於美奈以西約 6 公里處，抵達美奈前路上會經過婆薩努塔 (Tháp Po Sah Inư)，又稱占婆塔，也是造訪美奈時許多人會順便踩點的景點之一，雖然比越南中部的占婆建築群小很多。婆薩努塔的建築風格深受前吳哥時期高棉文化的影響，建於 9 世紀，是歷史悠久的占城佛塔，用來供奉不同的神祇。

婆薩努塔建於 9 世紀

美奈仙溪有很多入口

紅、白沙丘特殊體驗

美奈的紅、白兩座海岸沙丘，都是知名景點，一到當地就會有人湊過來問你要不要滑沙與搭乘越野車。

- 滑沙：提供一塊塑膠片讓你體驗在沙漠滑沙的快感，但是建議先談好價錢，以免吃虧。
- 越野車：依車種不同每人約 200 ～ 300 元台幣起，可以選擇搭乘或自駕沙灘車，在沙丘之間捲起狂沙。

來到仙溪記得帶袋子裝鞋子

在地的越南人都知道造訪仙溪的時候，因為有些區域沒有寄放鞋子的地方，所以造訪時都會直接穿夾腳拖，或是帶個袋子裝鞋子。

小朋友在仙溪徒步涉水，手上拿著鞋子相當可愛

超爽玩法！
一群人包下獨棟 Villa ！

如果你是從胡志明市出發的一群朋友或小家庭，在美奈包下獨棟別墅是非常划算的新玩法之一，許多別墅選項中，有客廳、廚房，高級一點的外面有按摩浴缸與獨立泳池，還能眺望海邊，相當適合 4 ～ 6 人的團體出遊！出發時只要先協調好，途中可安排路過超市買好物資，還可以在別墅裡自行下廚！

山崖公寓度假村
(The Cliff Resort & Residences)

地址　5, Phường Phú Hài,Phan Thiết, Bình Thuận
電話　+84(0)2523719111
價錢　一般房型約 USD 70 ～ 350；三房型別墅 (含獨立泳池) 約 USD 650 左右
網址　thecliffresort.com.vn

山崖公寓度假村大廳

別墅裡還有專門的廚房

南越法式風情！
深入胡志明市的心臟地帶

濱城市場｜統一宮｜西貢聖母聖殿主教座堂｜西貢中心郵政局
胡志明市大劇院｜胡志明市人民委員會｜咖啡公寓

胡志明市舊稱西貢，也是南北越戰爭時期南越的首都，越戰後為紀念建國領袖胡志明，而改名為胡志明市。城市的心臟地帶在第一郡，第一郡除了是城市的行政、商業中心之外，許多知名的景點也都集中在第一郡，所以遊覽胡志明市一些主要景點非常輕鬆，緊湊一點只要一天就可以輕鬆遊覽完畢。

濱城市場賣伴手禮、乾貨到布料，應有盡有

胡志明市最大市場之一

　　濱城市場 (Chợ Bến Thành)

是越南胡志明市第一郡最出名的室內市場，位於胡志明市的市中心，是許多外籍遊客必訪的區域之一，也是西

貢時期少數保留至今的老建築與地標，就在公路總局的旁邊。在濱城市場可以買到很多手工藝品、乾貨、衣服以及在地小吃，價格對外籍遊客來說固然便宜，但因此處是熱門的觀光市場，售價還是比當地一般市場價格稍高一些，血拼前記得跟攤主「議價」，殺個好價錢。

一窺昔日南越總統府

　　而說到南北越戰爭的結束，就得提到原本前身為法屬印度支那總督辦公室的

想要吃小吃，也可以在濱城市場試試

統一宮外觀，以竹子為意象做設計（圖片提供／高筱婷）

「諾羅敦宮」，後又稱「獨立宮」或現在許多人熟知的統一宮 (Dinh Thống Nhất)。在越戰毀於戰火後，大廈由曾獲 1955 年羅馬大獎的建築師吳日樹 (Ngô Viết Thụ) 設計，越南共和國的南越政府扛起重建的任務，建築本身也展現 60 年代越南的典型建築，當時南越政府將重建的建築作為總統官邸。

而當時的設計師吳日樹依照特殊的風水，用漢字「吉」字為概念，將宮殿設在龍頭，水池設置在龍尾，建築外的柱子則以代表越南的竹子為意象做設計。統一宮主要有 4 層樓，1 樓主要為會議室，2 樓為總統辦公室及總統會客室，3、4 樓為總統夫人接待室、餐廳及娛樂中心，而地下室則是戰情指揮中心，

**濱城市場
(Chợ Bến Thành)**
★★★★

─────────────

\# 地址　Chợ, Lê Lợi, Phường Bến Thành, Quận 1, Hồ Chí Minh
\# 時間　07:00 ～ 19:00
\# 價錢　VND 40,000 ～不等
\# 網址　www.chobenthanh.org.vn

**統一宮
(Dinh Thống Nhất)**
★★★★

─────────────

\# 地址　135 Nam Kỳ Khởi Nghĩa, Phường Bến Thành, Quận 1, Hồ Chí Minh
\# 電話　+84(0)8085094
\# 時間　07:30 ～ 11:00，13:00 ～ 16:00.
\# 價錢　VND 40,000
\# 網址　www.dinhdoclap.gov.vn

統一宮的內部大廳

還設有廣播裝置、暗號解碼室等等戰爭實用的情報設備。

1975 年 4 月 21 日，當時的南越總統阮文紹辭職飛往台灣，由陳文香接任總統，在 1 週後又把職位交給楊文明將軍；而就在 1975 年 4 月 30 日早上 10:45，一輛坦克車輾過胡志明市「獨立宮」的大門，北越解放軍的戰車長驅直入，代理總統楊文明下令南越軍向北越軍投降。

北越上校裴信帶隊進入總統府時，聽說還發生了這麼一段對話。代理總統楊文明對裴信說：「我已經等著要把權力移交給你們很久了。」而裴信只答：「權力移交的問題並不存在，你的政權早已瓦解，人是沒法轉移他沒擁有的東西。」漫長的越南內戰在獨立宮插上革命軍的旗幟後，正式宣告結束。

天主教胡志明市總教區的主教座堂（圖片提供／何曉雯）

紅教堂是許多新人拍婚紗的地點（圖片提供／小管）

越南新人婚紗勝地

從統一宮正門出來，往前面的一塊公園綠地直走，就會看到大名鼎鼎的西貢聖母聖殿主教座堂 (Nhà thờ chính tòa Đức Bà Sài Gòn) 俗稱「紅教堂」，是天主教胡志明市總教區的主教座堂，始建於 1863 年。當時建造都是採用法國進口的材料，特別是外牆的紅磚來自法國馬賽。

紅教堂結構相當特別，是一座可以承受比現在重量大 10 倍的建築，19 世紀末為了掛上鐘，教堂才加上尖塔成為今天看到的樣貌，吊鐘右 4 個、左 2 個，共 6 個，代表音譜 6 音，只有在聖誕夜才會 6 鐘齊響，教堂前方另一個拍照打卡點就是重達 4 噸的聖母瑪麗亞雕像，紅教堂除了是旅客的熱門景點之外，也是越南人拍婚紗的熱門地點。

百年法國殖民風情

　　西貢中心郵政局 (Bưu điện trung tâm Sài Gòn) 就在紅教堂的左側，同樣建於 19 世紀末，也是法國建築師設計，於 1892 正式啟用，大廳內兩側吊掛著越南舊地圖，裡面相當富麗華美，深具有強烈的法國殖民風情，大堂中間還有特色強烈的電話亭，某一年的春節，我還利用了電話亭打電話回台灣向家人拜年。

　　西貢中心郵政局是郵政和電信總局，當年原址只有一個簡單的建築物，和艾菲爾鐵塔是同一設計者建造，於 1863 年竣工，因為當地人認為僅透過一些電線就能把電報傳出去實在很神奇，所以建築物被當地人戲稱為「鋼線廳」；但原址擴大改建為現在的西貢中心郵政局，則是由另外一位法國設計師設計而成，並非艾菲爾鐵塔的設計師。

　　西貢中心郵政局目前郵務相關業務還在運作，所以造訪越南可以來這邊買張明信片寄給好友或是自己，中央郵局中間與兩側都有紀念品販售點，有很多特別的明信片，像是越南重點景點或是女子穿著奧黛的特殊造型明信片。

西貢聖母聖殿主教座堂
(Nhà thờ chính tòa Đức Bà Sài Gòn)
★★★★

───────────────

\# 地址　01 Công xã Paris, Bến Nghé, Quận 1, Bến Nghé Quận 1 Hồ Chí Minh
\# 電話　+84(0)38220477
\# 時間　05:30 ～ 17:00

西貢中心郵政局
(Bưu điện trung tâm Sài Gòn)
★★★★

───────────────

\# 地址　125 Công xã Paris, Bến Nghé, Quận 1, Hồ Chí Minh
\# 電話　+84(0)2838221677
\# 時間　07:00 ～ 17:00
\# 價錢　免費
\# 網址　hcmpost.vn

01	02
03	04

01 傍晚關門後晚上的郵局會打光，別有風情　02 郵局旁邊的小店還有許多在地伴手禮可購買　03 除了寄信還可以挑選許多在地郵政小物　04 百年郵局還有獨立電話亭可打國際電話，提供國際匯兌服務

胡志明市大劇院雕工非常細緻

南越獨一無二的大劇院！

往同起街繼續走下去，就會看到同樣位於同起街上的胡志明市大劇院 (Nhà hát Thành phố Hồ Chí Minh)。河內的歌劇院是仿照巴黎歌劇院，而這座大劇院則是獨一無二的設計，受法蘭西第三共和國火焰式的建築風格影響，正面的立面則是受到法國的小皇宮美術館影響，主要用於服務當年的法國殖民者，同樣為法國人修建，1898 年動工，2 年後落成。

越南南北戰爭時期，大劇院變成越南共和國的下議院會場，而隨著 1975 年北越革命軍隊解放西貢，南北統一這座建築又再度恢復了宣揚文藝的功能。

在胡志明市大戲院裡面，現在固定會上演 Áo Dài Show，又稱 A.O.Show，是一種融合現代舞與馬戲團的表演，利用越南傳統的竹簍與竹簍船穿插表演，加上音樂與表演者的肢體演出，營造現代的劇場效果，體現胡志明市當代新創意，能夠看見不同的現代西貢。

**胡志明市大劇院
(Nhà Hát Thành Phố Hồ Chí Minh)**

★★★★

地址　07 Công Trường Lam Sơn, Bến Nghé, Quận 1, Hồ Chí Minh
電話　+84(0)916753030
價錢　VND200,000 ～ 650,000
網址　www.hbso.org.vn/BrowseCategory.aspx?CatID=10

媲美太陽馬戲團的越南「A.O.Show」的宣傳

A.O. Show 用竹竿、竹籃，還有表演者的力與美演出越南特有的風土民情，這是擺在劇院旁的宣傳品

越南年輕人拍照打卡熱點！

離開胡志明歌劇院，再拐彎走過幾個街口，就可以看到阮惠徒步區與胡志明市人民委員會 (Trụ sở Ủy ban Nhân dân Thành phố Hồ Chí Minh)。胡志明市人民委員會也是由法國設計師在19世紀末設計建造，華麗的建築風格遠遠看去神似改建前的統一宮，但由於是政府機關，不對外開放。建築前樹立了國父胡志明的塑像，也是一般遊客的拍照熱門地點。

阮惠徒步區在週日晚間會封路，成為車子無法進入的徒步區，當天會看到許多遊客漫步於此，而徒步區在重大節慶時，也是舉行慶典的地方，像是每年9月2日越南的國慶日或是中秋晚會，通常都在阮惠徒步區舉辦或沿著阮惠徒步區附近的河岸施放煙火。

01
02 03
04

01 只要有重要活動，胡志明市人民委員會前的阮惠徒步區就會變得非常熱鬧　02 每年春節，阮惠大道上都有花展　03 晚上的人民委員會前是越南人喜歡闔家散步的地方　04 晚上的大劇院打燈非常漂亮

胡志明市人民委員會是拍照熱點

咖啡公寓是越南最文青的地方之一

沿著阮惠徒步區再往下走，還會看到最近的文青發燒地咖啡公寓 (The Café Apartment)。坐落於阮惠徒步區的「咖啡公寓」，是建於 20 世紀中的老公寓，後來因為許多商家、咖啡廳的進駐，成了現在的咖啡公寓，每家店的風格都各具特色，總共 10 層樓，推薦除了從外觀欣賞這棟建築外，還能特別選擇可以面外、瞭望阮惠徒步區與胡志明人民委員的咖啡廳呢！

大樓裡面還有許多雜貨、服飾小店，很受文藝年輕人喜歡，但是若沒有與咖啡公寓的店家訂位，搭乘電梯需要些許費用的 VND3,000。

裡面有賣各式文青飾品的風格小店

咖啡公寓裡面有很多特色咖啡廳等著旅人探索

順・道・看・看

濱城市場夜市
★★★

一到晚上，濱城市場周邊就會有夜市擺攤，雖然攤位可能比白天少一些，價格卻與白天的市場差不了多少，如果白天來不及逛到濱城市場的遊客，也可以安排逛逛晚上的夜市。主要以衣服、運動背包、竹藤包、紀念品、手工藝品、伴手禮等商品居多，是個散步閒晃的好去處，買點紀念品也感受一下胡志明的夜市風情。

濱城市場附近的夜市

耶穌聖心堂
(Nhà thờ Tân Định)
★★★

除了紅教堂之外，胡志明市還有被暱稱是「粉紅教堂」的耶穌聖心堂，是網美最愛的教堂之一！建於法國殖民時期，最早於1876年完工，是一座羅馬天主教教堂，也是胡志明市第二大教堂，僅次於第一郡的西貢聖母聖殿主教座堂，也就是紅教堂。因為在1957年被漆上了粉紅色而讓其聲名大噪，搖身一變成胡志明最熱門的拍照留念點之一。因為耶穌聖心堂在第三郡，建議完成市區半日巡禮之後，可以另外驅車前往。

 # 地址 289 Hai Bà Trưng, Phường 8, Quận 3, Hồ Chí Minh

 # 時間 06:00 ～ 19:00

令人少女心噴發的耶穌聖心堂

道・地・體・驗

夜遊西貢河
★★★

想要在甲板上享受清涼的晚風，欣賞美麗的河岸夜景嗎？夜遊西貢河有許多不同的船餐廳，船上還有不間斷的音樂與舞蹈表演，一邊夜遊西貢河一邊享用晚餐可說是至高享受，但是較適合團體活動，較不適合單獨自由行遊客。

通常是20點出發，繞行西貢河一趟約為1小時，回到港口是21點多，透過坐船感受不同的異國風貌。

西貢河遊河上船地點有許多不同的船

可以搭遊船盡覽體驗西貢河夜晚之美

 # 預定方式 建議事先於旅遊網站或透過當地旅行社預訂

往日華人情懷，
越南最大中國城——堤岸

平西市場｜安東市場｜天后廟｜義安會館觀

「＿＿到這區就有好多中文字。」我跟著少爺繞過交通圓環，進了五郡，終於有種擺脫文盲的感覺。「因為這裡就是華人區啊！有些地方說粵語可能還比英文能溝通，你要試試嗎？」少爺故意嬉鬧，他知道我的蹩腳粵語都是看周星馳學的。

百年華人移民史

越南華人故事可以從17世紀末第一波中國移民潮開始說起。當時，許多明朝的遺民為了躲避清朝的侵略，遠從海南島、廣東、潮州一帶陸續循海路逃往越南，漸漸在胡志明市現在的第五郡及其周圍形成一個華人生活圈，而後這個地區被稱做「堤岸」(Chợ Lớn)，字面直翻就是「大市場」之意，為越南最大的中國城，也素有「小香港」別稱。

近年，隨著越南經濟發展，加上發展重心轉移，堤岸華人的歷史痕跡逐漸被現代化建築取代，舊日繁華散盡的市景多了分滄桑，充滿故事的堤岸區，至今還有不少遺留下來的百年巷弄，承載著許多代華人的感情與記憶，如果路過堤岸，看到用古樸的中文書法寫上「巷名」的，十之八九就是華人老巷弄，

從堤岸殘留的老建築與中文巷名，想像舊日華人平日的生活風情

在華人過往歷史逐漸消失之際，有機會可以來這裡感受一下往日華人風華。

建築物中西風格融合，黃色的平西市場

老華人話堤岸繁華

堤岸區聚居的華人以廣東人為主，潮州人居次，客家人和福建人數目相對較少。早期有多條街道以中國古代聖賢命名，如現存的老子街 (Đường Lão Tử)，都讓人感受到濃郁的華人文化。

「聽長輩聊起童年，當年廣東幫在堤岸『很威』，到堤岸做生意的人如果不會說廣東話，鐵定沒便宜好討，因為廣東話就是當時堤岸通用的語言。」少爺說得一口流利粵語，但如果是越南華人第三、四代，因為越語教育普及下，家裡若沒有要求，就不一定會講流利粵語。

當年華人多富商巨賈

當年華人的生活普遍富裕，越南解放前，華人掌握著「大市場」近六成的商業活動，非常多富商巨賈由此誕生。法國作家莒哈絲 (Marguerite Donnadieu) 於 1914 年生於法屬殖民地越南，她 1984 年的半自傳作品《情人》(L'Amant)，描寫自己少女時代與一位越南華人的愛情故事，故事中操著法語又有錢的華裔情人，擁有一間風格華麗、梁柱和門扉精雕細琢的私人宅邸。

而其他華人富商代表還有中國潮州出生的郭潭 (Quách

安東市場販賣多種果乾、乾貨，還有各種越南甜品小吃攤位，批發價最划算

Đàm)，他在 1928 年捐贈了平西市場 (Chợ Bình Tây)，成了當時全亞洲最大的批發市場。平西市場的建造是聘請法國工程師設計、融合西方風情與中國寶塔而成的建築，跟現在當地人最愛逛的安東市場 (Chợ An Đông)，並列為第五郡兩大批發市場。

平西市場是該區最大的批發市場之一，以中國庭園風為主，但融合西式風格的建築，雖經過內部改造擴建，以建築歷史價值而言值得一看，購物倒並非是主要目的。市場目前整修中，內部預計 2018 年 9 月重新開放，市場攤販則改於建築前規畫的區域內販賣商品。

安東市場是南部的大型批發市場，主要販售各式海鮮乾、服裝、乾果、咖啡、休閒服裝，以及小工藝品，因

平西市場
(Chợ Bình Tây)
★★

───────────────

地址　99 Trần Bình, phường 2, Quận 6, Hồ Chí Minh
電話　+84(0)2838571512
時間　06:00 ～ 18:00
價錢　免費開放
交通指引　搭乘計程車前往
網址　www.chobinhtay.gov.vn

安東市場
(Chợ An Đông)
★★★

───────────────

地址　Công trường An Đông, Phường 9, Quận 5, Hồ Chí Minh
時間　06:00 ～ 18:00
價錢　免費開放
交通指引　搭乘計程車前往；靠近溫莎廣場酒店 (Windsor Plaza Hotel)

為在堤岸區，店家多都能說中文議價，安東市場也是在地越南人愛去的批發市場。

擁有歷史代表性的天后宮與義安會館也吸引了許多遊客前來參觀

在越華人信仰與寺廟

靠船吃飯的地方就會有海神信仰，在堤岸其實有兩個祭拜海神之處，香火最鼎盛、遊客最常造訪的是穗城會館天后廟 (Chùa Bà Thiên Hậu)，始建於 1760 年前後，當年是華人信仰中心，位於越南胡志明市堤岸的阮鷹街 (Nguyễn Trãi)，廟中供奉媽祖，當地華人又稱之為「亞婆廟」。

這間廟是當年遠渡重洋到越南謀生的廣東移民所興建，屋簷和梁柱間還有傳統的交趾燒，是中國式廟宇的建築風格，巍峨堂皇具有豐富歷史文化內涵，現存文物達數百件。1993 年獲越南文化新聞部認證為越南文化歷史遺跡。

「在中國明末清初，不少商人飄洋過海來越南經商，行船多供奉媽祖，於是把媽祖找個地方安置的想法油然而生，這些移民才籌資來興建會館，也是提供行船的商人一個暫時歇腳的地方。」廟公如此說道。

天后宮被越南政府認證為國家建築藝術

廟內上香與燒金紙的活動

天后宮中還有媽祖娘娘的替換用的神衣

求平安！天后宮拜拜順序

Step1

廟內買線香後，拜主神天上聖母媽祖娘娘。

Step2

右邊拜龍母娘娘。

Step3

左邊拜金花娘娘。

天后宮不可錯過的文物

1.

200 多年歷史的天后神轎

2.

百年前救火隊的器具

3.

屋簷梁柱的交趾燒

4.

嘉慶年間製作的牌匾

掛塔香祈福

跟廟祝購買螺旋狀的塔香，廟祝會在紅紙上寫上祈福者的姓名，欲祈福者親手點燃線香後，廟祝會將線香高掛，讓老天與神明接收訊息，掛塔香約 VND 30,000。

**天后廟
(Chùa Bà Thiên Hậu)**
★★★★

 # 地址 710 Nguyễn Trãi, phường 11, Quận 5, Hồ Chí Minh
 # 時間 06:00 ～ 17:00
 # 價錢 免費開放
 # 交通指引 搭乘計程車前往；若由景點「義安會館」順 Nguyễn Trãi 往西走朝 Triệu Quang Phục 前進，步行 100 公尺左右即可抵達

義安會館的正門廣場，是同鄉舉辦活動的地方

國家列為文化古蹟的義安會館

義安會館
(Nghĩa An Hội Quán)
★★★★

地址　676 Nguyễn Trãi, phường 11, Quận 5, Hồ Chí Minh
時間　06:30 ～ 19:30
價錢　免費開放
交通指引　搭乘計程車前往；若由景點「天后宮」順 Nguyễn Trãi 往東走朝 Triệu Quang Phục 前進，步行 100 公尺左右即可抵達

從天后宮出來，往左走100 公尺，就到了國家列為文化古蹟的義安會館 (Nghĩa An Hội Quán)，又名關帝廟，祭祀三國名將關羽，行商常拜關帝求事業平安順利。由於年代悠久，始建的正確年分已無可稽考，約略也是200 多年歷史，當初建造的目的是為了敦睦鄉誼，讓潮州同鄉有個可聚會及舉辦活動的場所，近年接受幾次翻修變得相當富麗堂皇。

義安會館位於越南胡志明市第五郡，由 19 世紀在西貢經商的中國潮州及客家商人興建，至今已有兩個世紀。整個會館是一座古色古香的中式建築，1993 年獲越南文化新聞部認證為越南文化歷史遺跡。

求事業！義安會館拜拜順序

Step1

廟內有提供免費線香

Step2

往後走向正殿的關聖帝君。

Step3

前往右殿，拜天后元君求平安。

Step4

再到左殿，拜財神爺求財。

Step5

走向中庭，向文昌帝君求智慧。

Step6

右邊牆壁，求海龍王保佑風調雨順。

Step7

對面左牆，拜虎爺帶財。

Step8

前往大門右側，拜馬頭將軍，可摸馬頭將軍求保佑，可拉一下馬的繩鈴，最後從馬腹下鑽過。

Step9

最後前往大門左側，拜福德正神。

胡志明市的歷史與日常

戰爭遺跡博物館 | FITO 越南傳統醫學博物館

戰爭遺跡博物館

胡志明市戰爭遺跡博物館的展示品

不需要擁有深厚的知識或藝術背景，帶著放鬆的心情就能細細體會博物館帶給人們的喜悅，胡志明市也有幾個不錯的博物館，有興趣的人也可以安排一天以博物館為主軸，探索一下南部的歷史血脈和日常生活，當作是一場特別的修學日！

越戰的縮影與教訓

說到南北越戰爭的結束，就不得不提到胡志明市的戰爭遺跡博物館 (Bảo tàng chứng tích chiến tranh)，館內主要收藏越戰的歷史紀錄、照片以及軍用品等文物，也是許多西方遊客造訪的熱門景點之一，特別是與美國

結束長達 22 年的戰爭後，戰爭遺跡博物館成為許多美國遊客造訪南越時必踩的景點。

從烽火連天的戰場，到被炸彈攻擊後炸到殘缺不全的屍體，許多張歷史照片都讓人坐立難安，了解戰爭有多麼可怕。當年美軍因為無法

迅速結束這場拖延許久的戰爭，於是使用化學武器——橙劑，也就是落葉劑。當時受化學武器影響的範圍，超過 480 萬名越南人，許多孕婦生下畸型孩童，牆上怵目驚心的照片，讓人難忘 1955 ～ 1975 年間美越戰爭，也警惕世人戰爭的殘酷。

越戰當時留下來的軍事武器

許多東醫藥材的展示

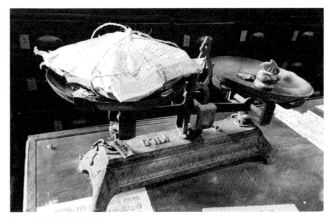
古早抓藥的櫃檯與藥秤

一窺越南東醫學

中醫學源自於中國的漢族，而越南稱東方醫學為「東醫學」(Đông y)，也稱為越南傳統醫學，因為地緣關係，中醫對越南當地的傳統醫學研究有深遠的影響。

FITO 越南傳統醫學博物館 (Fito Museum) 位於胡志明市第十郡，儘管規模不大，

位置也離市中心稍微有點距離，卻典藏了自石器時代以來 3,000 多件珍貴文物，FITO 越南傳統醫學博物館除了建築本身也深具傳統特色外，展廳中也陳列了許多越南傳統醫藥器具，讓參觀的人一探越南傳統醫學發展史，也是深受海外遊客喜愛的景點之一。

戰爭遺跡博物館
(Bảo tàng chứng tích chiến tranh)
★★★★

 # 地址　28 Võ Văn Tần, Phường 6, Quận 3, Hồ Chí Minh
 # 電話　+84(0)2839305587
 # 時間　7:30 ～ 18:00
 # 價錢　ND 40,000
 # 網址　www.baotangchung tichchientranh.vn

FITO 越南傳統醫學博物館
(Fito Museum)
★★★★

 # 地址　41 Hoàng Dư Khương, Phường 12, Quận 10, Hồ Chí Minh
 # 電話　+84(0)2838642430
 # 時間　08:30 ～ 17:00
 # 價錢　成人 VND 120, 000，兒童 VND 60,000
 # 網址　fitomuseum.com.vn

過去東醫的著作

東醫文物的展示

不見天日的地下村落

古芝地道

如果你到了南越，城市之外不知道要去哪裡旅遊，建議可以去離胡志明市約 1 小時的古芝地道 (Địa đạo Củ Chi)，見證越戰時期有如蜘蛛網般縝密的地下游擊網。

古芝地道位於胡志明市西北郊外 75 公里處的古芝縣，也是許多國外旅客必訪的景點，地道最早原為越南抵抗法國統治時，由農兵靠人力徒手挖了 20 多年的地下戰道，後面被越南南方民族解放陣線，作為對抗美軍的重要地下基地，地道建立了醫院、會議場、睡覺場所、廚房，甚至還有許多致死的陷阱，算是一座應有盡有的「地下村落」。

古芝地道無疑是越戰時期越軍的游擊總部，地面為叢林，仔細端詳也很難看出有無異狀，但為了讓戰爭時的行動不被敵軍發現，其實建有 3 層地道，分別距離地面有 3 公尺、6 公尺及 8 公尺，很多條地道寬度根本不到 80 公分，高度最高也只有 150 公分左右，有如蜘蛛網般涵蓋方圓 420 公里，總長達 250 公里。想像一條可以從台中爬到屏東的地下網絡，地道沿著西貢河興建，為了可以逃走，西邊可到高棉，就是現在的柬埔寨，南邊可通往西貢。

地下村莊的艱辛生活

對於當年的越南軍來說，隧道的生活極其艱辛，空氣、食物和飲用水都很稀少，隧道裡充滿了各式害蟲像是螞蟻、毒蜈蚣或蜘蛛等，在美軍連續轟炸期間，有時得被迫一連待在地下好幾天。

「甚至為了隱藏煮飯的炊煙，當時的革命軍會用一根

古芝地道的洞口非常小，美軍壯碩的身材進不去

地面上有通氣孔　　　　　地道從地面上看不出一點痕跡

導煙的空心竹子，做好幾個隔間通到地面，慢慢用輕煙排出，而且通常都是選在凌晨生火煮飯避人耳目。」古芝地道的官方導遊這麼說，甚至排煙管的部分還會塗抹一些辛香料，讓軍犬聞不出味道。

美軍當年因為急於取得勝利，展開一連串地毯式轟炸，甚至為了提早結束戰爭，噴灑了又稱橙劑的落葉劑，儘管越南戰爭已結束近半個世紀，當年的遺毒卻還影響著部分越南人，因為當年受到橙劑影響的越南人，他們的第二代、甚至三代很多都是畸型兒，胡志明市的戰爭遺跡博物館還能找到許多怵目驚心的歷史照片。

現在的古芝地道開放部分地道給旅客參觀，還可以體驗走地道的感覺，感受一下當年戰爭的緊張氣氛，跟我們一同前去參觀的朋友，因為身材人高馬大就只得以半蹲的方式行走。聽說當年進到地道第 2 層就得跪著前進，第 3 層甚至必須匍匐向前，革命軍當年就是利用體型優勢來牽制進不了地道的美軍，最後取得勝利。

付費還可以在古芝地道場內的運動射擊場上體驗步槍射擊

**古芝地道
(Địa đạo Củ Chi)**
★★★★

地址　Ấp Phú Hiệp, Xã Phú Mỹ Hưng Huyện Củ Chi, Hồ Chí Minh
電話　+84(0)2837948830
時間　07:00 ～ 17:00
價錢　VND 110,000 (含門票 VND 20,000 官方導遊 VND 90,000)
交通指引　出發前在旅遊網站或在胡志明市當地旅行團，登記參加古芝半日團
網址　diadaocuchi.com.vn

當年的人間煉獄，現在的旅遊天堂

昆島博物館｜富海監獄｜富祥監獄｜法國虎籠

越南其實並不乏世界級風景名勝與度假勝地，比起熱門的海灘度假勝地如美奈、芽莊、知名離島富國島，昆島顯得相當沒沒無聞，這樣一座名不見經傳的小島到底有什麼魅力？

若稍為熟知越南歷史的人便知道，昆島在以往給人的第一印象，是地獄般的「惡魔島」，在戰爭結束的幾十年間，已經搖身一變成為越南旅遊勝地之一。但不似越南第一大島富國島般的高度開發，昆島上還擁有純樸自然的風貌、法國殖民文化遺跡、隱密美麗的沙灘，甚至戰爭所留下的殘酷歷史，都非常值得細細品味，比起許多地方少了幾分商業化，多了一些浪漫悠閒。

昆島在 1984 年被列為自然保護區——昆島國家公園，在昆島除了能進行水上活動如潛水等，因為尚未過度開發，所以還有機會觀察到越南離島豐富完整的自然生態，像是珊瑚礁、紅樹林，甚至幸運的話還可以遇見綠蠵龜等物種呢！

昆島對於一般想造訪越南的外國旅人來說相當陌生，但憑藉著超高級六星級假村昆島六善酒店 (Six Senses Con Dao) 入駐後，在知名好萊塢影星入住過的明星效應下，昆島也漸漸廣為人知，成為越南一個新興的旅遊好去處。

昆島監獄中有著名的虎籠

昆島海灘

越南版惡魔島

昆島早期聯外交通不易，跟舊金山的阿爾卡特拉斯島一樣，被選為監獄建地，當初關了不少重刑犯。島上有個裝潢簡單的昆島博物館 (Bảo Tàng Côn Đảo)，裡面有一些關於昆島的歷史說明。只不過很可惜都是越文，好在我是跟著越南友人前去，所以有他們講解展示內容，讓我對島上悲傷的歷史有一些了解。跟著牆上說的故事，我們一邊走一邊回到了 1860 年代，也就是法國殖民政府在昆島上建立了著名的崑崙監獄的那段時間。

1861 年法國殖民者為了關押越南反法民族主義者，修建了昆島監獄，昆島上目前開放的監獄中，最知名的 3 座監獄為富海監獄 (Trại Phú Hải)、富祥監獄 (Trại Phú Tường) 以及富山監獄 (Trại Phú Sơn)。

其中富海監獄是目前保存最良好也是最大的監獄，富山監獄則是關過很多當年越南革命先烈的監獄，許多被關過的革命志士後來出獄後，都成為國家重要的領導階級，像是統治越南長達 17 年的前任越南共產黨總書記黎筍 (Lê Duẩn)、繼胡志明後任的越南國家主席孫德勝 (Tôn Đức Thắng) 等，但富山監獄通常不對外開放。

而富祥監獄則是因為駭人聽聞的法國虎籠 (Chuồng Cọp) 被發現而聲名大噪，該監獄共有 120 間牢房，其中最著名的是占地 5.475 平方米的虎籠，僅翻身大小的鐵籠布滿鐵刺，排列在烈日下，可以想像當時被關的犯人應該生不如死，光太陽的毒辣就足以致命，而死於監獄的犯人都被埋在附近的杭

昆島博物館 (Bảo Tàng Côn Đảo)
★★★

地址　Nguyễn Huệ, Côn Đảo, Bà Rịa - Vũng Tàu
電話　+84(0)916692789
時間　07:30 ～ 11:00，13:30 ～ 16:30；週末休息
價錢　票價 VND 20,000

富海監獄 (Trại Phú Hải)
★★★

地址　Lê Văn Việt, Côn Đảo, Bà Rịa - Vũng Tàu
電話　+84(0)2543830517
時間　07:30 ～ 11:00，13:30 ～ 17:00；週末休息
價錢　利用昆島聯票參訪

富祥監獄與法國虎籠 (Trại Phú Tường & Chuồng Cọp)
★★★

地址　Tôn Đức Thắng, Côn Đảo, Bà Rịa - Vũng Tàu
時間　07:30 ～ 11:00，13:30 ～ 17:00；週末休息
價錢　利用昆島聯票參訪

昆島到處擁有美麗的海灘，可以在當地租借摩托車然後自行前往　　　　　　　　島上有許多老樹也被視為遺產

陽 公 墓 (Nghĩa trang Hàng Dương) 中。

武氏六的故事

　　昆島最出名的是一位少女——武 氏 六 (Võ Thị Sáu)，只要到了昆島機場，你會看到有關她的相關書籍比比皆是，封面上可以看出她是一位少女，年紀非常輕，14 歲就已是反對法國殖民政權的游擊戰士。1950 年，才 16 歲左右的她，因用手榴彈刺殺當時一個壓榨人民的法國殖民官員而被拘捕，她未滿 18 歲但還是被宣判死刑。

　　為了怕有人反彈，當局後來就把她送到當時人稱「人間煉獄」的昆島避人耳目監禁，最後於 1952 年在島上執行處決，過世時年僅 19 歲，現代越南視她為愛國烈士，也是革命精神的象徵人物之一。

　　2 年之後於 1954 年，越南共和國接管了這個監獄，越

昆島機場

戰結束後被關閉。1984 年，昆島成為自然保護區——昆島國家公園，從人間煉獄變成了國家級的旅遊勝地，監獄也重新整理成為歷史悲傷見證的保留區，美國影星布萊德彼特 (Brad Pitt) 跟安潔莉娜裘莉 (Angelina Jolie)，也曾來過昆島度假與參觀。如果喜歡潛水和海邊的旅客，3 ～ 10 月之間就是前往昆島的最佳時間。

島上還有一間布萊德彼特跟安潔莉娜裘莉入住過的超高級昆島六善酒店 (Six Senses Con Dao)，度假村的牆面、天花板、屋簷甚至欄杆都是從越南當地舊宅回收而來的柚木所做，低調奢華的內裝，背靠翠綠山丘，每棟別墅都面朝大海與海灘，貼近大自然的同時兼顧隱私。昆島六善酒店也曾獲得「2011 最佳綠色設計大獎」的肯定，待在酒店使用設施也是一大享受。

昆島吃得到巴掌大的新鮮海膽

道 地 體 驗

潛水體驗或浮潛

許多前往昆島的外國遊客，都會選擇體驗潛水或是浮潛，由外國人一起經營 DIVE!DIVE!DIVE! 是當地頗受外國遊客喜愛的潛水店家，英文溝通完全沒有問題。

昆島的潛水店家「DIVE!DIVE!DIVE!」

 # 地址　Nguyễn Huệ, Côn Đảo, Bà Rịa - Vũng Tàu,
 # 電話　+84(0)2543830701
 # 時間　08:00 ～ 21:00
 # 價錢　USD 43 ～ 95
 # 交通指引　www.dive-condao.com

越 南 人 才 知 道

昆島聯票購買方式

可以前往富海監獄購買 VND 40,000 昆島聯票，保留票根即可參訪富祥監獄與法國虎籠。

建 議 行 程

前往昆島

目前前往昆島只有兩個方式，一個是坐越南航空的班機前往，另一個則是坐渡輪。

➡ 飛機：越南航空子公司 Vasco 都有胡志明市—昆島往返的航班，單程約 45 分鐘，往返價格 VND 3,600,000。

➡ 渡輪：基本上是晚上出的夜船，從胡志明市前往頭頓市 (Vũng Tàu)，約 17 點出發，12 小時後於隔天早上抵達，但船的班次不定，而且多無法網上購買只能現場購買，完全不建議不諳越南語的旅客使用。

機場前往市中心

➡ 計程車：約 VND 200,000 ／趟。
➡ 酒店接駁車：請飯店事先安排接駁車。

極餓越南：
吃到撐腹，飽到破肚的
越南特色美食搜查

越南料理近年來在世界人氣高漲，哪裡有越南人居住，就會有越南料理，世界各地都出現許多越南料理餐廳與專門店，從國民料理河粉、碎肉飯，到春捲、越南法式料理等精緻的越式食料理，越南美食真是紅透各地，從傳統到創新經過時間的變遷與融合，讓為數不少的饕客不惜飛來越南，就為了大啖美食。

越南作為東南亞唯一傳統上使用筷子作為食具的料理文化，越式料理最常見的組合就是米飯加上雞、豬、牛、蝦、魚，澱粉加上豐富蛋白質的組合，在搭配上調味香料如魚露、醬油、香菜、還有新鮮水果等，吃起來不但清爽不油膩，味道的層次也相當豐富，還有許多「有趣」的特色菜像是鴨仔蛋、禾蟲烘蛋讓許多人一吃難忘。

越南料理不但可高端大氣，也可便宜實惠，造訪越南時不妨隨著季節變化，嘗試越南最新鮮的美食與小吃，一定會讓愛美食的饕客覺得不虛此行。在越南除了有許多高尚的餐廳外，還有許多庶民料理與街頭代表性小吃。而越南美食該怎麼吃？要去哪裡吃？輯四將涵蓋用餐必知、北中南各式必吃美食，從越南法式料理到街頭美食、甜點到咖啡飲品的介紹一應俱全，準備遊覽越南的人，千萬不要錯過！

越南真奇妙！
必知用餐 7 大 Point

　　吃，是一種人類共通的語言，也是原始渴望，不同國家的人都有一套自己對飲食的邏輯與主張，單純的口腹之欲透過文字書寫變成閱讀精神食糧，越南南北狹長的地理環境、過去多國融合的文化背景、多樣的風土民情，還有各地不同的烹調技術，都造就越南獨特的飲食文化。

　　與中華或日本文化比起來，越南用餐禮儀相較之下不是很嚴格，但絕不是沒有禮儀。當然如果身為一位外國人，當地人其實也不會太苛求一定要完全跟隨規定，但倘若你造訪當地，所謂「入境隨俗」，當然最好還是了解一下當地的用餐文化，才不會鬧了笑話，當個失格的旅人。

　　越南本地因為地形狹長，地區南北無法全部一概而論，因此各地的用餐文化都會有點不一樣，但基本的禮節還是差不多，每國都有些堪稱「禁忌」的注意事項，這些當地風俗若是沒有搞懂，很容易鬧出笑話。造訪不同國家最好玩的就是認識不同文化，吃美食之外還可以長常識，一舉數得。

• • • • • • • • • •

Point 01　日本要大聲吸麵，越南不要大聲吃飯

吃飯還要顧及優雅

　　其實這點我覺得對來越南的日本人影響比較大，因為日本人吃麵喝湯要有「吸」的聲音，表示對廚師的尊重，說明餐點真的很美味；但華人這點就跟越南人很接近，傳統上要優雅的吃飯，不要大聲地狼吞虎嚥；而且在越南不可以還沒將飯菜放到碗裡，就直接夾到嘴裡吃掉，會被當成不禮貌的行為。

Point 02
越南小孩不吃雞爪、考前要吃蝦

越南民俗飲食禁忌中，覺得小孩如果吃太多雞爪，長大字會寫得很醜，其實跟我們小時候長輩說的、台灣民俗一般認為「小朋友吃雞爪，長大撕簿子不愛唸書」很類似；考前可吃蝦，因為蝦子會跳高，象徵高中，還可以吃雞翅膀，象徵高飛的意思。不過隨著時代改變，飲食習慣與禁忌也漸漸改變，很多新一代的年輕媽媽也沒再在乎這些習俗。

考前要吃蝦

Point 03
家宴沒桌沒椅！席地而坐一點不奇怪

在越南舉辦家宴或派對，總是非常好客，習慣邀請許多親朋好友共襄盛舉，但也不是多數人都有大房子與空間，所以就算人多，屋裡也不會安排桌子和椅子。不同於歐美 Buffet 大家站著吃的型態，如果人很多時要吃飯怎麼辦？越南人會清空一個區域，美食、餐碗全部放在地板上，像野餐一般在家裡席地而坐吃，相當隨性。有時候即便桌子夠坐，越南人還是喜歡在地上放上幾瓶啤酒，大家圍坐一起用餐。

越南家常菜很美味，如果沒位置會在地上吃

Point

04 「茶」通常免費，開水和
濕紙巾卻要付費

冰的茶水稱作「Trà Đá」，餐廳有時提供綠茶有時是
蓮子茶，一般是免費的，如果你想喝「水」，他們就會
給你要算錢的瓶裝礦泉水，因為一般餐廳不提供開水；
另外，一般放在越南餐廳桌上的濕紙巾，是要算錢的，
雖然一份大概 2,000 越南幣，換算起來不到 3 塊台幣，
很便宜。

近年來注重環保和衛生的人越來越多，我自己就會自
攜濕紙巾或衛生紙。若是有潔癖的人，可以盡量不用店
家提供的濕紙巾，因為價錢低廉品質不一，有香味的多
有添加香精，擦手可以不太適合擦嘴。

濕紙巾通常要計費

Point

05 餐廳桌上放的小菜不是送的

基本上餐廳桌上的小菜不是免費的，但也要視不同店家而異。你可以看看
菜單，如果菜單上有列出這道菜，就一定要付錢。一般的河粉小吃店，有些
店家會放上一個碟子，上頭有的是油條，有的是「扎肉」；扎肉是用荷葉包
起來的肉條小點，用魚漿和肉末混製而成，我每次都會打開當點心吃。另外，
櫃檯如果有放糖果，就是送的。

桌上的小菜會另外計價

扎肉也會放在桌上供客人取用

06 拿到帳單後可以請服務生到桌邊結帳

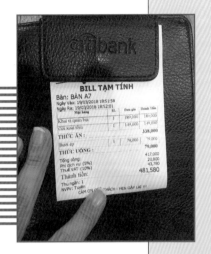

如果服務不錯可以另外給小費

在台灣，吃飽了走去收銀櫃檯結帳是相當普通的過程，但在越南的小店，你通常會聽到客人吆喝一聲「Em Ơi*! Tính Tiền.」（音近：M 摩伊！頂點；意思是：服務生，麻煩結帳！）然後就會有一位服務生替你算錢結帳，但這種吆喝的習慣，我臉皮比較薄，至今未適應。我都會等到服務生看向我這邊時，再招招手請他來，或是直接走向對方說要結帳。而如果是比較高檔的餐廳，服務生則會把帳單夾在簽帳夾裡送過來給你，用卡或現金結帳。

Em Ơi*：不分男女，稱呼的對象年紀通常比你小，可以在叫人的時候使用。

07 用餐看情況給小費

在越南消費時商家並不會強索小費，但是外出用餐若能斟酌給小費，或搭乘計程車不找零錢，對方會很歡迎，但不是強迫規定，不給也沒關係。那到底小費要給多少？大概給消費金額的 10% 都是正常範圍，視用餐的狀況以及對方服務的態度而定，我認為主動給對方「小費」，可以鼓勵優質服務，但也沒有硬性規定。

小費可以鼓勵優質服務

來杯越式咖啡吧！

連鎖咖啡品牌 × 獨立特色咖啡館

喝咖啡不該僅僅停留在品嘗咖啡豆的品種，應該感受沖煮時的人情溫度；咖啡風格的創新，重點也不在於器材多高級與裝潢多華麗，而是在於舌尖的冒險與享受，還有那誘人香醇的咖啡香氣。

在越南幾乎人人深知這個道理：隨時都可以撥出一點時間品嘗咖啡，尤其是用滴杯，慢條斯理滴漏出一杯加了濃濃煉乳的越南咖啡。有人說要體驗越南最簡單的方式，就是品嘗咖啡，因為很多人可能不曾去越南旅遊過，但都曾經喝過越南產的咖啡。

19 世紀晚期，法國人傳教士將咖啡引進越南，越南很快就變成重要的出口地。越南咖啡店隨處都是，不論是街邊的咖啡攤位，或是獨立的咖啡廳，還有設計感的咖啡廳應有盡有，而且有時一杯價格不到台幣 30 元，就可享受香醇的咖啡。

咖啡價格實惠，每天都來一杯也不會太過有負擔

越南咖啡廳林立

咖啡種類多元，每天都可以來一杯！

現今的越南人已經將咖啡提升到全新的境界，咖啡自法國殖民期間傳入後，在越南形成一種自己的文化與品味，不用華麗舒適的環境及座位，儘管是路邊攤位，無論何時或何處，一張小板凳，點一杯咖啡，三五好友就可以圍坐在一起聊聊天，甚至許多生意都是在短短一杯咖啡的時間談成，咖啡文化已內化成庶民的一種生活習慣。

01	02
03	04

01 越南蛋咖啡　02 河內的小巷子有很多隱密的咖啡廳　03 胡志明市第二郡也有許多靠河的咖啡廳兼餐館
04 冰煉乳咖啡

冰咖啡 (Cà Phê Đá)

越南冰咖啡別具風情，只需要一個簡易的越式咖啡滴壺，就像沙漏一樣一點一滴慢慢滴入杯中，就完成好喝的黑咖啡。而冰咖啡就是在咖啡中加入沁涼的大塊冰塊。

冰煉乳咖啡 (Cà Phê Sữa Đá)

在越南，因為有些人不擅長喝較苦澀的黑咖啡，所以在冰咖啡中可以選擇加入煉乳，讓口感滑順一點，但如果不嗜甜的人，可以跟店員表示加少一點，或是另外要求加鮮奶。

蛋咖啡 (Cà Phê Trứng)

基本原理是蛋黃加上煉乳打成奶後，再加入黑咖啡中。外觀看起來像是越南版的提拉米蘇，口感卻像是卡布奇諾。聽說蛋咖啡始於 1940 年代，因為當時的牛奶是奢侈品，因此蛋就成為了便宜的替代品。

貂咖啡 (Cà Phê Chồn)

讓貂吃下咖啡豆後等其排泄出，再加以烘培而成就成了貂咖啡，但其實不是很好買，因為哪有這麼多貂屎咖啡豆可以撿來烘培呢？所以想當然一定單價不低，聽說真正的貂咖啡 1 公斤大約要價 3,000 美金呢！實在是令人驚呆的數字，但要從屎中脫穎而出，物以稀為貴也不意外。

7 大連鎖咖啡品牌
遍布越南，訪越必試！

01 中原傳奇咖啡 (Trung Nguyên Legend Café)
號稱越南咖啡第一品牌

從高價咖啡到平價咖啡在中原咖啡都可以買到

想買豆子的話，咖啡廳可幫你磨成粉並分包

在越南從北到南，最常看到的咖啡品牌就是中原咖啡 (TRUNG NGUYÊN)，是由企業家鄧黎原羽 (Đặng Lê Nguyên Vũ) 一手創立。鄧黎原羽是越南的知名企業家，連國家地理雜誌和富比士都曾描述他是越南的咖啡王，在越南獲獎無數，例如最佳青年企業家等殊榮。品牌旗下的 G7 即溶咖啡 (Cà phê G7) 更是賺錢金雞母，也是遊客最喜歡的品牌之一。

於 1996 年創立的中原咖啡，在成立的初期階段，只用了幾年的時間就從北到南，開創了數百間連鎖店與上千家加盟店，旗下的咖啡也銷售至美國、加拿大、俄羅斯、英國、德國、日本、中國等國，成功躍上國際舞臺。目前也在南部城市胡志明成立數間頂級咖啡廳──中原傳奇咖啡廳系列，在河內與胡志明市的鬧區都可找到。

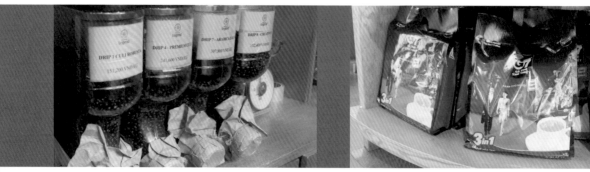
咖啡豆依重量計價

G7 即溶咖啡經濟實惠，是觀光客必買的咖啡之一

中原傳奇咖啡在各地都有布點　　　　盒裝伴手禮

　　最特別的是中原咖啡的網站上還可以買到
貂咖啡 (Weasel Coffee)，因為產量特別稀
少，每年約只有 40 ～ 50 公斤，所以也常成
為國家元首、外交禮品，250 克咖啡價錢大
概 1,600 萬越盾，約 2 萬多塊台幣。

> # 區域　　河內、胡志明市
> # 網址　　trungnguyenlegend.com (詳見網站地圖)

中原傳奇咖啡招牌

道 · 地 · 體 · 驗

室內沙灘！胡志明市腳踩白沙的咖啡廳

中原傳奇咖啡系列中最出名的一間，無非就
是位於胡志明市，紅教堂與百年郵局附近的
「白沙咖啡廳」，遊客可以赤腳踩沙，彷彿
在沙灘上漫步一般，讓人在享受咖啡時光的
同時，也備感舒服悠閒，加上簡約的室內設
計讓人心情相當舒暢。

這間中原咖啡可以赤腳踩白沙

> # 地址　　7 Nguyễn Văn Chiêm, 1, Quận 1, Hồ Chí
> Minh

中原咖啡也有庭園式的咖啡廳　　　　在胡志明市同起街的中原咖啡廳

從服務生到咖啡杯都是黑紅色系　　　　　　在商場裡也可以見到高原咖啡

02 高原咖啡 (Highland Coffee)
創始人來自星巴克發源地

　　高原咖啡於 2000 年在河內發跡，後來迅速成長為遍布越南，與中原咖啡齊名的著名咖啡店，成為連鎖雙雄。不同於中原咖啡，高原咖啡以服務國際遊客起家，由一位西雅圖的美籍越僑大衛・蔡 (David Thái) 所創立。1996 年大衛・蔡國透過獎學金計畫返回越南，先從學習越南語開始，藉由首次創業後累積的資金與成功經驗，2 年後他創立了高原咖啡。 最初咖啡廳只在河內和胡志明設點，現在高原咖啡在全越南各大城市均有展店，數量早已超過 200 家，也是都市白領最喜歡的品牌之一。

# 區域	河內、西貢、海防、峴港、頭頓和同奈
# 網址	highlandscoffee.com.vn/en

03 共咖啡 (Cộng Cà Phê)
殺底片！充滿越南社會主義風情

　　共咖啡的故事始於 2007 年，第一家店開在河內老街趙光復街 (Triệu Việt Vương)。 店名的概念以「越南國家社會主義共和國」的名字為啟發，品牌獨特的軍綠色配上花布，創造出獨特的復古空間。

　　共咖啡的「椰奶咖啡」非常特別，也是我的最愛，充分呈現了越南風情。共咖啡在河內、順化、胡志明市、峴港、芽莊、沙巴、會安跟下龍灣等景點都有許多分店！

# 區域	河內、順化、胡志明、峴港、芽莊、沙巴、會安與下龍灣
# 網址	congcaphe.com

椰奶咖啡

共咖啡裡面賣很多自己的周邊商品，軍綠的顏色讓人購　　各地的共咖啡都各具特色，一致的則是綠色復古風情
買慾望大發

低調奢華的 Càfê RuNam

Càfê RuNam 也有經營風格餐廳 RuNam BISTRO

Càfê RuNam
低調奢華越式純咖啡

Càfê RuNam 對許多咖啡愛好者而言，是一個以華麗空間出名的咖啡廳品牌，不僅如此，它更是推動「純越南咖啡」概念的推手，透過細緻咖啡豆的挑選過程，讓 Càfê RuNam 保持一貫的品質與咖啡口味。

除了在河內及胡志明市單純經營咖啡廳的 Càfê RuNam 之外，RuNam 品牌在胡志明、芽莊、平陽以及峴港等地，還有經營「RuNam BISTRO」的風格餐廳，除了承襲低調奢華風格的用餐環境外，還提供精緻有如藝術品的美食，當然小酒館最大的特色與不可錯過的飲品，還是 100 越南天然咖啡羅巴斯塔咖啡 (Robusta) 和阿拉比卡咖啡 (Arabica)。

如果沒機會造訪河內的蛋咖啡始祖咖啡廳 Giảng Cafe，在胡志明市可以前往 Càfê RuNam 品嘗特調蛋咖啡！

Càfê RuNam 招牌

區域　河內、峴港、芽莊、平陽及胡志明市
網址　caferunam.com

商場裡面的 Càfê RuNam 也是備具特色

Càfê RuNam 特調的蛋咖啡

The Coffee House 很受越南年輕人青睞

The Coffee House 的內裝都很新穎年輕

05 The Coffee House
越南年輕人最愛

The Coffee House 於 2014 年在胡志明市第三郡開設第一家咖啡店，之後陸續出現在越南 6 個主要城市，從南到北胡志明市、頭頓、邊和、峴港、海防以及首都河內，全越南不到 4 年內達到 100 家，未來還計畫繼續拓店。

而 The Coffee House 品牌精神是「把人連結起來」，店內裝潢走極簡西式風格，深受時下經外來文化影響的年輕人喜愛，吸引許多年輕人前往聚會。The Coffee House 與在海拔 1,650 公尺的咖啡農場合作，咖啡廳使用自選的阿拉比卡咖啡豆，保持咖啡的品質。

> \# 區域　越南 6 個主要城市，胡志明市、頭頓、邊和、峴港、海防及首都河內
> \# 網址　www.thecoffeehouse.com

享受美好的午茶時光

06 Hoi An Roastery 系列
古城咖啡品牌！

Hoi An Roastery 品牌在會安老城區有 6 間分店，希望將會安最好的咖啡提供給旅人，裡面也可以享用好吃的餐點，在 Hoi An Roastery 裡，也可以吃到會安最有名的「高樓麵」，是我在會安吃到最好吃的麵之一！

> \# 區域　中部會安
> \# 網址　hoianroastery.com

沒想到在咖啡廳也可以吃到好吃的高樓麵

會安的連鎖咖啡廳「Hoi An Roastery」

南部才有的 Phuc Long Coffee

在商場中也能找到 Phuc Long 的外帶飲料吧台

07 Phuc Long Coffee & Tea Express
南部限定！越南的星巴克

Phuc Long 品牌於胡志明市發跡，在 1968 年成立，至今約有 50 年的歷史，以茶葉和咖啡的業務為主，1980 年代就設立店面販賣茶葉跟咖啡，到 2012 年也開始涉足飲料販售服務的 Phuc Long Coffee & Tea Express 飲料店品牌，飲料店展點都在胡志明市中心區的黃金地段。

Phuc Long Coffee & Tea Express 中除了販賣咖啡與茶葉的伴手禮之外，最受歡迎的咖啡之一是拿鐵，茶類的部分則是水蜜桃烏龍茶。

Phuc Long 也是當地上班族與年輕人深愛品牌之一，因為價錢與國外品牌如星巴克比起來格外實惠，便宜了三分之一，而且同時對於咖啡與茶的品項有更多選擇，也因此成為每日喝一杯飲料的在地人，所熱愛的飲料品牌。

| # 區域 | 平陽與胡志明市 (但多數集中胡志明市) |
| # 網址 | phuclong.esy.es |

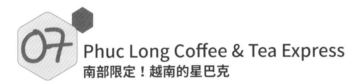

常有新口味飲料上市

也有提供咖啡伴手禮

Phuc Long 飲料老少咸宜

6 間獨立特色咖啡館
獨一無二僅有此處有！

The Hanoi Social Club
與音樂結合，共譜復古氛圍

在裡面可以點輕食飲料　　　　　　　　The Hanoi Social Club 招牌

　　Hanoi Social Club 咖啡廳位於河內的老城區，外觀是法國殖民時代的一間獨棟別墅，內裝靈感來自墨爾本一間著名的咖啡館。這間咖啡廳隱藏在河內首都的巷弄內，一進門會馬上看到質樸復古的瓷磚、傳統木製家具和挑高的天花板，呈現一股濃濃的懷舊風情，餐點內容包含三明治輕食、義大利麵和漢堡等，每逢週二還有現場音樂表演，週四則是邀請當地的音樂家演出，自 2011 年開業以來一直備受在地人與外國客青睞。

★★★ 　　　　　　　　　　　　　　　　　　**河內**
 # 地址　6 Ngõ Hội Vũ, Hàng Bông, Hoàn Kiếm, Hà Nội
 # 網址　www.facebook.com/ The HanoiSocialClub

河內的「The Hanoi Social Club」

Hanoi Social Club 充滿文青氣息，也深受外國人青睞

Tranquil Books & Coffee 是愛讀書的人尋幽的好去處　　環境清幽相當適合閱讀

02 Tranquil Books & Coffee
愛書人必訪

河內這間「Tranquil Books & Coffee」是熱愛書人都會喜歡的咖啡廳，一進去咖啡廳就能看到一整排書架，咖啡的價格也相當實惠，寧靜而寬敞的閱讀空間，讓人能夠靜靜地體驗讀書的樂趣。

★★★★　　河內

地址　5 Nguyễn Quang Bích,
　　　　Cửa Đông, Hoàn Kiếm, Hà Nội
網址　trungnguyenlegend.com

口感有如提拉米蘇的蛋咖啡

★★★★　　河內

地址　39 Nguyễn Hữu Huân,
Hàng Bạc, Hoàn Kiếm, Hà Nộ
網址　www.giangcafehanoi.com

03 Giảng Café
來杯越南才喝得到的蛋咖啡

相較咖啡品牌連鎖店，Giàng Cafe 這樣的老咖啡廳，已成為這個城市的觀光寶藏。Cafe Giang 所保留的是上個世代的懷舊時光，隱藏在城市舊城區的一條小巷裡，但很值得訪客探尋，也很受河內咖啡迷的歡迎，其中最為出名的品項就是「蛋咖啡」。

1946 年，由五星級飯店河內大都市索菲特傳奇酒店 (Sofitel Legend Metropole Hanoi) 的調酒師所創立。它的蛋咖啡配方主要成分是雞蛋黃、咖啡粉，加上甜煉乳等，送上來時還會將杯子放入熱水中保持溫度。這間蛋咖啡的始祖咖啡廳是河內街美食之旅的最佳選擇。

Giàng Cafe 不大，但卻吸引很多外國遊客　　Giàng Café

L'Usine 同起店隱藏在胡志明市老樓房中的 2 樓　　　　L'Usine 的餐點也很美味

L'Usine Café
外國人聚集的時尚咖啡廳

胡志明市第一郡擁有眾多時尚品牌，其中 L'Usine 擔任西貢時尚咖啡廳品牌的門面，身為一間複合式咖啡廳，除了品嘗咖啡，L'Usine 的咖啡廳也展示當代藝術、販售服飾、設計精品等，說是胡志明市當代時尚生活美學的品牌咖啡廳也不為過。在胡志明市的市中心共有 3 間，每間內裝都各具特色。

其中最受歡迎的就是離西貢歌劇院斜對面最近的同起店，藏匿在 2 樓，需要經過一條藝術長廊後轉上樓，才能一親芳澤。而靠近西貢日本人群聚區、位於黎聖宗路 (Lê Thánh Tôn) 的獨棟白色建築則是 L'Usine 的旗艦店，也是外國人群聚享受越南咖啡與歐式輕食的地方。

★★★★　　　　　　　　　　　　　　　　　　胡志明

 # 地址　▪ 同起店 (L'Usine Heritage)
151/5 Đồng Khởi, Bến Nghé, Quận 1, Hồ Chí Minh
▪ 黎利店 (L'Usine Le Loi)
70B Le Loi, Phường Bến Thành, Quận 1, Phường Bến Thành Quận 1 Hồ Chí Minh
▪ 旗艦店 (L'Usine Le Thanh Ton)
19 Lê Thánh Tôn, Bến Nghé, Quận 1, Hồ Chí Minh

 # 網址　lusinespace.com

L'Usine 各店裡面都有越南選物可以購買　　　　在時尚咖啡廳享受悠閒的午茶時光

Shin 咖啡自詡提供城內最棒的手沖咖啡　　　　　這裡可以嘗試多種不同的咖啡

05 Shin Café
城內最棒的咖啡

店面不算大的 Shin Coffee 位於胡志明市第一郡的精華地段，定位為「城內最棒的咖啡」，不停服務胡志明市的白領階級，以及來到越南的外國遊客，也提供初次來到越南的人，一個最美好的越南咖啡體驗。

Shin Coffee 最特別的是，相當堅持咖啡品質，店內有大約 30 種不同類型的咖啡。

★★★★★　　　　　　　　　　胡志明
地址　13 Nguyễn Thiệp, Bến Nghé,
Quận 1, Hồ Chí Minh
網址　www.facebook.com/ShinCoffeeVN

06 The Refinery
鴉片小酒館

★★★★★　　　　　　　　　　胡志明
地址　74 Hai Bà Trưng, Bến Nghé,
Quận 1, Hồ Chí Minh
網址　www.therefinerysaigon.com

The Refinery 位在市中心鬧中取靜的地方，當初在法屬時期是一間鴉片精煉工廠，現在改頭換面成為一間小酒館。在印度支那被征服後，法國人馬上了解到可以透過鴉片獲取價值不菲的經濟利益，鴉片當時也在越南社會被廣泛的使用，到 1881 年，印度支那總督決定直接控制殖民地中鴉片的提煉與販售。

同年，鴉片煉毒場 (The Refinery – La Manufacture d'Opium) 建成，也就是現在鴉片小酒館 The Refinery 的前身。在 2006 年，這座鴉片工廠終於揮別了過去不堪的歷史，搖身一變成為本地中產階級、外國遊客青睞的一間餐廳，同時也是享受香醇咖啡的好地方。

揮別過去的煉毒歷史，搖身一變為摩登小酒館　　　小酒館的室外空間很有復古風情

頂級巧克力
征服世界味蕾
MAROU 一炮而紅的祕密

包裝華麗的巧克力很適合當伴手禮

越南可可豆簡史

說到巧克力生產國，越南絕不可能是你第一個想到的地方，但如果你是巧克力的愛好者，就不該錯過 MAROU 這個品牌，也是我在越南最喜愛的巧克力。

先回頭從越南的可可豆歷史說起：最初是由法國殖民政府於 19 世紀左右傳入，據說是微生物學之父巴斯德 (Louis Pasteur) 的弟子，法國微生物學家葉赫森 (Alexandre Yersin) 首度引進栽種，但在當時因為經濟效益不如咖啡和其他作物，所以沒有真正在越南落地生根，直到近年可可豆需求高漲，也帶動越南可可豆種植事業復甦。

MAROU 品牌誕生故事

MAROU 品牌的創辦人 —— Samuel Maruta 及 Vincent Mourou，各自擁有法日與法美血統，之前分別在銀行業和廣告業任職，原是八竿子打不著的兩人，卻在旅居胡志明時相識，一拍即合決定共同創業，以兩人姓氏頭尾命名，創立 MAROU 巧克力這個品牌。

MAROU 巧克力也有產地概念

由兩位法國人創立的 MAROU 巧克力旗艦店還可以品嘗巧克力飲品

玻璃上寫著巧克力的越南文 Sô-cô-la 字樣

坐在舒服的 MAISON MAROU 咖啡廳，來盤令人垂涎三尺
的巧克力甜點

Marou 店門口燙金的字樣很好認

產地概念＋小農直購

MAROU 的可可豆來自越南南部各省：檳椥、前江、同奈、林同、巴地與多樂省，巧克力也直接以各產區地名命名。跟咖啡、紅酒一樣，有了「產地概念」，巧克力愛好者可以根據自己的喜好，選擇不同可可含量與各自偏愛的味道。

另外，MAROU 也不願透過中盤商，而是直接向小農購買可可豆，從選豆、炒豆、研磨等程序，一直到包裝成品，均為人工作業，最後成為顧客手中無可挑剔的頂級巧克力。包裝也是 MAROU 最吸引人的一點，手工印刷的精美燙金包裝，曾奪下國際設計大獎，MAROU 也常選用與可可豆一致的顏色作為包裝識別，圖案設計上也對應不同的越南自然風情。

而且 MAROU 巧克力推出後，首年參加巧克力學院大賞，即拿下最佳新進者獎項，接著接連推出的各項產品也陸陸續續拿下世界巧克力大獎銀獎與巧克力學院大賞銀獎等殊榮，在國際賽事上屢屢取得佳績。

目前在越南的胡志明市、河內、峴港以及林同都有很多販售據點，如咖啡廳或超市等可以買到 MAROU 巧克力，詳細地點可上 MAROU 官網：marouchocolate.com/where-to-buy 選擇國家查詢。

MAROU 品牌旗艦店

MAROU 在胡志明市開了一間 MAISON MAROU 品牌旗艦店，坐落在胡志明市充滿活力的市中心，靠近濱城市場的一間巧克力專賣店，除了可以一窺品牌在越南的巧克力發展史外，店內可享用現做的巧克力飲品、咖啡與大廚製作的各式巧克力甜點，巧克力愛好者很適合到此享受輕鬆午茶，並且挑選自己喜歡的巧克力伴手禮。

MAISON MAROU 　　　　　　胡志明
★★★★★

地址　167-169 Calmette, Nguyễn Thái Bình,
Quận 1, Hồ Chí Minh
交通指引　搭乘計程車前往；
或由濱城市場步行 7 分鐘
網址　www.maisonmarou.com

法皮越骨大叻紅酒
法國釀酒技術，自成美味佳釀

物美價廉的大叻紅酒很適合當餐酒

　　在台灣的飲酒文化裡，葡萄酒是迷人的舶來品，成為品味西方的一個媒介，因葡萄紅白酒不在中華文化的基因裡面，台灣太太來到越南後，也在超市與大賣場買過各式各樣的葡萄酒，上面貼了一堆金牌銀牌推薦的要買，瓶裝漂亮的也要買，亂七八糟的喝了很多款，喝了喜歡就把酒標記下來，下次再買，不覺得自己很懂酒，完全只是喝了好玩，當作一種生活情趣。

　　在越南可是一點都不怕沒酒喝，因為身為前法國殖民的國家，很多餐廳都可以點紅酒，一點都不奇怪，但是炎熱天氣的東南亞國家，有自己生產的紅酒，這點就很有趣。也許是法國時代留下來的影響，越南人民對於喝葡萄酒並不排斥。而越南產紅酒最知名的城市，就是位於胡志明市東北方 300 公里處的大叻。

大叻紅酒品牌
Vang Dalat

　　越南主要的大叻紅酒牌子是 Vang Dalat，旗下也擁有許多酒款。阮文越 (Nguyễn Văn Việt) 與妻子，在 1999 年創立了 Vang Dalat 葡萄酒廠，寫出越南本土葡萄酒的歷史，阮先生希望釀製出既有歐洲風格，卻又不失越南傳統的本土葡萄酒，而且希望是本地人都負擔得起的價格，而這個願望現在已經實現，越南人對大叻紅酒的接受度很高，而且旅人來到越南還可以購買當伴手禮，旗下酒款 CP 值非常高。

在一般超市也可以買到平價的大叻紅酒

Ladora Winery 裡頭的大叻酒款眾多

大叻紅酒也常被總理用來宴請外賓　　　　Lado Food 公司下有數款紅酒，而 Vang Dalat 系列很受歡迎

選酒不一定要進口的最棒，大叻紅酒 Vang Dalat 的專賣店 Lado Foods - Dalat Wine，賣的各款紅葡萄酒口感扎實，像是粗獷男子漢，而比較起來白葡萄酒則相對細緻婉約，接近女性溫柔氣質，我兩種都很愛。旅人如果對當地釀造的大叻紅酒有興趣，卻沒機會去專賣店，則可以去超市選購，價錢也不會高攀不起。如果對於其他較為高單價的酒款有興趣，可能就要前往專賣店才買得到，例如其中一款 2017 APEC 國宴紅白酒，太太我就相當推薦。

一定要通過認證、鑑定才是好酒？我認為評鑑「好酒」見仁見智，用感官體會比較直接，如果不喜歡就掰掰不見，喜歡的就繼續買，我沒有很在乎專家認證，也不在乎所謂品酒達人的推薦筆記，我只要覺得好喝，又符合當下心情，就達到我心中認為的好酒標準，所以建議大家有機會也可以多多嘗試世界各地不同的紅酒，找到自己心中所愛！

APEC 國宴酒

Lado 大叻酒窖★★★★★ (Lado Foods - Dalat Wine)　　　胡志明

地址　221 Điện Biên Phủ, P. 6, Quận 3, Hồ Chí Minh
電話　+84(0)2838642430
時間　09:00 ～ 22:00
價錢　VND 50,000 ～ 720,000

早安！在地的早餐
隱身巷弄的絕頂滋味

越南人早餐愛吃麵包

　　台灣早餐店四處林立，早餐要吃什麼都不需要煩惱，但到越南旅遊，除了入住飯店的早餐外，當地人都吃什麼呢？多元文化的越南，也有屬於北中南各式各樣的道地美食，其中最有代表性的早餐就是「河粉」與「越式法國麵包」。

　　台灣太太剛跟少爺交往時，一次住在少爺北越友人家，一早醒來刷牙洗完臉，他就把我們帶出去到一間河粉店準備吃早餐，他說這是越南人最典型的早餐，一早就是要吃河粉。聽到是河粉我還沒回神過來，因為在台灣很少一早就吃湯湯水水的麵食。北越朋友說：「如果還餓，可以再去隔壁買條法國麵包，再加點一杯越南咖啡。」

　　北越朋友曾經在台灣求學一段時間，對於台灣連鎖早餐店並不陌生，但他初到台灣時也曾大感不可思議，因為傳統早餐燒餅、油條在越南都不算普遍，也沒有美×美這類的連鎖早餐店，蛋餅、蘿蔔糕、台式三明治都顛覆越南人對於早餐的認知。

越式法國麵包

　　深具東南亞色彩的越式法國麵包 (Bánh Mì)，在國際上常被當成越南特色菜，「Bánh」直翻就是「麵包」。越式法國麵包上會先抹上薄薄一層肝醬奶油，加上火腿片、肉條、小黃瓜、醃漬蘿蔔，最後再夾進內軟外脆的越式法國麵包中。麵包內容物以及夾的蔬菜會根據住的區域不一樣而有變化，法國麵包可說是時代相互交融下所產生的美食，也是種文化與烹飪的完美結合。

　　這款「變形的」法國麵包，始於 19 世紀法國統治越南的時候出現在餐桌上，而且麵包上只有肝醬與奶油。當越南人重新掌握自己的國家之後，他們開始在麵包裡加入了火腿片、肉條、接著擺上黃瓜及醃白蘿蔔，還有一些香菜，做了越南版本的法國麵包，就是現在的越式法國麵包。這道美食美味的祕訣，完全取決於麵包，製作時除麵粉之外，還會加入米粉，烤出來的麵包口感帶有脆感，熱呼呼非常好吃。

越南人有早起吃早餐的習慣　　　　　　　　法國麵包在越南是很普遍的食物

位於河內老城區的 Banh Mi 25　　　　　若下午來 Banh Mi 25 有可能要排一下隊

Banh Mi 25
受國內外遊客歡迎

　　河內老城區的 Banh Mi 25 是很受國際旅客歡迎的品牌，有 7 種口味可供選擇，包括雞肉與豬肉，也貼心提供素食口味，如果喜歡口味濃郁一點的朋友，還可以選擇加入肝醬，是初訪問越南想嘗試越式法國麵包的好選擇。雖跟其他店家比起來麵包稍小，但店面很乾淨，店員也能說英語。

★★★★　　　　　　　　　　　　　　河內
\# 地址　25 Hàng Cá, Hàng Bồ, Hoàn Kiếm, Hà Nội
\# 電話　+84(0)977668895
\# 時間　07:00 ～ 20:15
\# 價錢　VND 15,000 ～ 25,000
\# 網址　www.facebook.com/banhmi25

黃花越式法國麵包
胡志明市最有名的法國麵包

　　胡志明市最有名的越式法國麵包，就是黃花越式法國麵包 (Bánh Mì Huỳnh Hoa)，沒有太多裝潢，只有小小的一個店面。黃花越式法國麵包是胡志明市最出名的法式麵包，大家機車排滿滿在攤位前面排隊，不管問哪個胡志明市人，都說這家是胡志明市最好吃的越式法國麵包。

★★★★　　　　　　　　　　　　　　河內
\# 地址　6 Lê Thị Riêng, Phường Phạm Ngũ Lão, Quận 1, Hồ Chí Minh
\# 電話　+84(0)2839250885
\# 時間　15:00 ～ 22:00
\# 價錢　VND 38,000

　　店鋪的經營者，聽說是有戀人關係的一對女性，所以當地人都別稱女同志麵包店 (Bánh mì ô môi)，反而沒多少人記得真正的名字。如果不吃辣，要提醒店家不加辣 (Không ớt)！

黃花越式法國麵包是胡志明市最出名的法式麵包　　　　料多實在，台灣太太常當晚餐吃

辰粉使用大量的蔥段　　　　　　　玄粉的雞肉河粉非常輕爽

河粉

　　河粉對越南人來說就是道地的早餐，就算河粉在越南是國民美食，但是對於起源還是各執一詞。有人說河粉的湯頭是起源於法國殖民時期一道稱作「火上鍋」的料理，也有人說是始於河內西南部的區域，再流傳到國內其他地區；更有另一派認為河粉是來自於廣東的「粉」，可能是由 20 世紀初期的大量廣東移民帶入越南。而河粉的味道也是南北各具特色，北部有知名的北圻式 (Bắc Kỳ)，南部則是西貢式 (Sài Gòn)。

辰粉 (Phở Thìn)
蔥段滿滿的牛肉河粉

　　越南北部的河粉比較寬扁，若不認真比較也看不來出來，相較於南部，幾乎不放香菜類，河內知名的店家辰粉 (Phở Thìn)，在過去的 30 年裡，只提供一個品項：牛肉河粉，但客人仍然絡繹不絕。Thìn 粉風格就是將河粉放在大鍋裡快速攪拌後撈起，再加入足夠的香料如大蒜

與薑等，最後撒上大量蔥段，不但牛肉香氣四溢，青蔥也帶來絕妙的口感，台灣太太大愛這個口味。

> ★★★★ 　　　　　　　　　　　　　　　　河內
> \# 地址　13 Lò Đúc, Ngô Thì Nhậm, Hai Bà Trưng, Hà Nội
> \# 時間　06:00 ～ 20:30
> \# 價錢　VND 40,000 ～ 60,000

玄粉 (Phở Huyền)
民宅巷弄中的雞絲河粉

　　除了牛肉之外，雞絲也是在地常見的口味，玄粉 (Phở Huyền) 藏於民宅的餐廳，也是當地很熱門的早餐選擇，餐廳很乾淨，在炎熱的夏日也有空調，或是涼爽的日子也可以坐在外面，麵與雞肉配料量適中，很適合當作早餐來享用。

> ★★★ 　　　　　　　　　　　　　　　　河內
> \# 地址　31 Châu Long, Trúc Bạch, Ba Đình, Hà Nội
> \# 電話　+84(0)912769129
> \# 時間　07:00 ～ 22:00
> \# 價錢　VND 20,000 ～ 55,000

辰粉充滿蔥段湯頭清香，河內人大推　　　　　　辰粉門口

錦麗河粉招牌

錦麗什錦河粉是店內招牌，每種類型的牛肉都可以嘗到

　　而跟北部相比，南部的河粉相對較薄窄，通常會附上新鮮香菜及豆芽菜。有別於河內的河粉，除了檸檬和辣椒之外，通常不會再提供其他東西讓你做添加。南部的錦麗河粉 (Phở Lệ) 與在巴斯德大道上的和粉 (Phở Hòa Pasteur) 可以作為胡志明市的兩間河粉店代表。

錦麗河粉 (Phở Lệ)
胡志明市最好吃牛肉河粉

　　錦麗河粉由小攤位起家，做到現在有數家分店，是許多人心目中「胡志明市最好吃的牛肉河粉」。自 1970 年創立以來，在第五郡一直深獲西貢人的熱愛，湯頭以牛骨、牛腩，加上肉桂等香料熬煮而成，因為使用大量大骨，所以味道更為濃郁，最受歡迎的就是綜合口味，可以一次吃到爽口彈牙的生牛肉、熟牛肉及牛丸等配料，特別搭車前往都值得。

★★★★★　　　　　　　　　　胡志明
地址　▪ 第三郡：303 - 305 Võ Văn Tần, Phường 5, Quận 3, Hồ Chí Minh
　　　　▪ 第五郡：415 Nguyễn Trãi, Phường 7, Quận 5, Hồ Chí Min
時間　07:00 ～ 22:00
價錢　VND 69,000 ～ 79,000
網址　phole.vn/lien-he.html

桌上還有夫妻餅，一種越南的傳統小點，裡面是綠豆餡

和粉 (Phở Hòa)
小菜「油炸鬼」是本店的招牌

　　胡志明市的「和粉」，也是一家擁有悠久歷史的餐廳，跟錦麗河粉一樣，同一家族世代經營，是一間歷史超過 40 年的老店；特別的是配菜會提供「油炸鬼」，也就是台灣人熟悉的油條，和粉的牛筋多汁又帶有嚼勁。

★★★★★　　　　　　　　　　胡志明
地址　260C Pasteur, Phường 8, Quận 3, Hồ Chí Minh
電話　+84(0)2838297943
時間　07:00 ～ 22:00
價錢　VND 10,000 ～ 83,000
網址　phohoapasteur.restaurant snapshot.com

和粉的湯頭非常好

和粉餐廳內部

河內

綠橘子法式餐廳
(Green Tangerine) ★★★
超值午間套餐

- **# 地址** 48 Hàng Bè, Hàng Bạc, Hoàn Kiếm, Hà Nội
- **# 電話** +84(0)2438251286
- **# 時間** 11:00 ～ 23:00
- **# 價錢** VND 50,000 ～ 330,000
- **# 網址** greentangerinehanoi.com/en

綠橘子法式餐廳(Green Tangerine)位於一棟法國殖民風格的房屋內，前身是一座1928年建成的樓房，充滿 50 年代印度支那的氛圍。餐點創新，提供法越菜色，餐廳的菜單每6個月更新一次，最熱門的就是午間套餐，前菜、主菜、甜點任選 2 道菜約 40 萬越盾，整體來說走超值路線，非常適合小資族。晚間套餐就是菜單選擇，價格大約是午餐的2～3倍。

綠橘子也有半開放式的位置

Green Tangerine 餐廳　　午餐套餐相當划算

Bonjour！越式法國料理
河內、胡志明市高 CP 值法式餐廳推薦

胡志明市

LA VILLA ★★★★★
米其林大廚的精心料理

- **# 地址** 14 Ngô Quang Huy, Thảo Điền, Quận 2, Hồ Chí Minh
- **# 電話** +84(0)2838982082
- **# 時間** 11:45 ～ 13:30 最後點餐，18:30 ～ 21:30 最後點餐，週日休息
- **# 價錢** VND 500,000 ～ 2,200,000
- **# 網址** lavilla-restaurant.com.vn

胡志明市 LA VILLA 餐廳的主廚，曾在倫敦的米其林餐廳工作過，之後在 2008 年來到越南，先在五星級的飯店工作 2 年，2010年則在胡志明市開了 La Villa 餐廳。位於胡志明市第二郡，由一棟法式別墅改建，一踏進餐廳除了會看到戶外座位外，還有一個游泳池，LA VILLA 的菜肴和甜點，讓人在越南也能體會道地法國料理的美味。

LA VILLA 招牌

LA VILLA 餐點走精緻路　　甜點也很推薦
線分量適中

La Badiane ★★★★★
視覺與味覺皆令人驚豔

\# **地址** 10 Nam Ngư, Cửa Nam, Hoàn Kiếm, Hà Nội
\# **電話** +84(0)2439424509
\# **時間** 11:30 ～ 22:30
\# **價錢** VND 75,000 ～ 400,000
\# **網址** labadiane-hanoi.com

在河內的 La Badiane 則讓我吮指回味，在 2008 年 12 月開業的 La Badiane，曾被 The Miele Guide 評為亞洲 500 強餐廳，也曾被紐約時報推薦，餐廳不只是法式高級餐廳，這裡不僅能享受美味的食物，主廚賦予菜色的新意與擺盤的視覺感受，也讓人感到非常驚豔，來到河內值得撥空品嚐。

餐點設計漂亮到讓人不忍動手吃掉

La Badiane 曾被 The Miele Guide 評為亞洲 500 強餐廳

La Badiane 菜色非常美味

在法國人到來之前，越南就已經擁有深遠的烹飪文化，菜系的發展受到周邊鄰國影響，特別是中國，再經歷法屬時期的洗禮，帶來更多飲食文化改變，產生像是越式法國麵包、咖啡文化等，因此在越南法國料理的接受度很高，旅人不用到法國解饞，也能享受到 CP 值極高的法國料理。

越南的法式料理承襲法國人的優雅風格，如果是晚餐，客人通常從晚上 8 點左右開始入座，用餐前會先斟杯餐前酒，邊品嘗開胃點心邊聊天，餐廳會依序上前菜、主菜、乳酪、甜點，有的還會提供馬卡龍或是自釀的白蘭地，整套吃下來至少要花上 2 ～ 3 小時。

3G Trois Gourmands
★★★★
澎湃美味的豪華起司盤

\# **地址** 39 Trần Ngọc Diện, Thảo Điền, Quận 2, Hồ Chí Minh
\# **電話** +84(0)908225884
\# **時間** 12:00 ～ 15:00，18:00 ～ 23:00
\# **價錢** VND 1,100,000 ～ 1,300,000
\# **網址** 3gourmandsaigon.com.vn

胡志明市區還有一間 3G Trois Gourmands，也是一間 CP 值極高的法式餐廳，運用法式繁複精細工法，融入在地元素製作出美味的法式料理，午間套餐非常划算，服務人員相當周到細心，還有豪氣的起司盤，通常會一次提供 6 ～ 8 種起司當餐後小食，相當大方、好吃又划算。

澎湃的起司盤

餐廳在 Villa 內，室內外都充滿法國舊式歐式風格

也可選擇在戶外池畔用餐

在地人的
經典越菜
遍嘗北中南日常美味

越南的飲食除了受到中國、法國影響外，也兼具了南洋的特色，而越南菜大致可分為北中南三種菜系，以下料理在許多餐館都能找到，介紹的是幾種必吃的越南特色美食，除了幾間特別推薦的人氣餐館，也可以自己開發新的美食，發現未知的美味，也是旅遊的趣味所在。

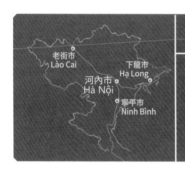

老街市
Lào Cai

下龍市
Hạ Long

河內市
Hà Nội

寧平市
Ninh Bình

北部 North

越南北部是越南飲食文化的主要發源地，因此很多知名菜色都源自北部，例如越式腸粉，北方菜的特色是較鹹、濃郁，但是跟其他區域比起來較不辣不甜，調味料主要使用稀釋過的魚露、蝦醬，會使用較多的生菜，若有使用海鮮多是淡水的海鮮。

07 越式腸粉 (Bánh cuốn)

越式腸粉與廣東腸粉類似但餡料不同，越式腸粉通常利用腸粉包裹碎豬肉或其他材料捲成，可以搭配魚露享用，店家通常會另外附上豆芽菜解膩。

相較起我們常吃的廣州腸粉，廣州式的口感比較彈牙，一般搭配醬料是醬油，而餡料則是主要有牛肉、蝦仁或豬肝等。

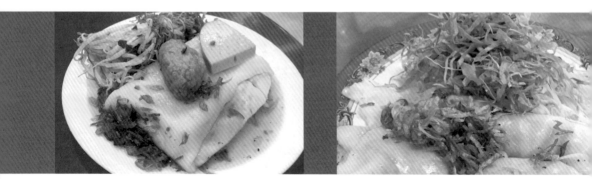

越式腸粉是越南北部知名小吃

越式腸粉通常會附上大量的豆芽菜

蝦餅搭配提味的青木瓜醃菜別具風味　　　　　　西湖蝦餅是河內西湖旁著名小吃

02 西湖蝦餅 (Bánh Tôm Hồ Tây)

在西湖蝦餅餐廳用餐可以
邊用餐邊欣賞美麗湖光

　　西湖蝦餅是越南北部一道有名的小吃，做法是將麵糊裹上新鮮蝦米，再放入油鍋中炸成金黃色，蝦體包著薄薄的餅皮香味撲鼻，趁熱吃香酥可口。品嘗蝦餅時，店家還會送上酸甜又微辣的醬汁，可以搭配青木瓜、蘿蔔切成片的涼拌醃菜一同食用。

03 蝦醬豆腐米線 (Bún Đậu Mắm Tôm)

　　蝦醬豆腐米線是我最喜歡的北越料理之一，大推給愛吃蝦醬的人！其實越南的蝦醬，即便是怕蝦醬的人像是少爺，經過精心調和後，完全不敢吃蝦醬的人也能吃得津津有味。

　　近年北方的典型菜肴在胡志明市也很受歡迎，開了不少相關類型餐廳，餐點主要由米線、生菜、肉漿與炸豆腐組成，再搭配上靈魂佐料蝦醬，放在鋪滿荷葉的圓盤上，味道非常好。

蝦醬米線是北越料理，現在在南越也吃得到

阿燕糯米飯靠近河內老城區

糯米飯現場熱熱吃最美味 (圖片提供／Thy Ng)

糯米飯 (Xôi)

　　越南人的主食是米飯，糯米飯也是河內其中一道平民美食。糯米飯有甜有鹹，有鹹的通常蝦米乾、雞肉絲、臘腸、花生、蔥油、札肉，各家有不同特色；而甜的通常有好幾種顏色，用不同的果實染色，所以會有顏色鮮豔的橘色、紫色、黃色、藍色等甜糯米飯，佐料也是各有愛好，但通常會配上切塊芒果，或是淋上咖央醬，一種用椰漿、雞蛋砂糖做成的甜醬汁來搭配。

　　另外，在越南除了會把糯米飯當成早、午、晚餐，甚至當宵夜食用之外，也是在拜祭之時會用的常見食物，做法不複雜就是將糯米蒸熟食用，越南人也喜歡在重大節慶和招待貴客時，製作糯米做的粽子請人品嘗，在越南是一道家喻戶曉的家常小點。

　　在北越這間阿燕糯米飯則是這間離老城區很近的小店，專賣鹹的糯米飯，不但外國人趨之若鶩前來嘗鮮，一到傍晚更看到很多當地人騎機車過來買宵夜，最多人點的是什錦糯米飯 (Xôi Thập Cẩm Xôi)。

阿燕糯米飯 ★★★★★ 　　　　　　　　**河內**
(Xôi Yến)

\# 地址　35B Nguyễn Hữu Huân, Hàng Bạc, Hoàn Kiếm, Hà Nội
\# 電話　+84(0) 2439341950
\# 時間　07:00 ～ 02:00
\# 價錢　VND 35,000 ～ 44,000
\# 網址　cửahàngxôiyến.vn

連外國人也愛這口味，晚上跑來吃宵夜

很多人都會外帶糯米飯 (圖片提供／Thy Ng)

寧平料理山羊肉烹煮方法有炸、有炒也能煮湯　　寧平山羊肉非常彈牙

05 寧平山羊肉 (Thịt Dê Núi Ninh Bình)

在越南北部的寧平，羊肉風味餐是當地特色菜之一，寧平充滿高低的岩石地形讓放養的山羊運動充足，肉質彈牙緊實，所以在寧平有很多專營山羊肉的餐廳。「烤羊肉」這道菜烹煮時會將山羊肉切塊，汆燙後煮到半熟再切片，與炒芝麻均勻混合，食用時候再沾上醬料，非常美味。

寧平還有一道知名菜色「寧平鍋巴」，米飯切成固定形狀再下鍋油炸，出鍋時淡黃脆香，配上一碗由牛或豬心臟跟腎臟混合洋蔥、番茄、胡蘿蔔煮出來的湯，將米香放到湯裡一起吃，有一股獨特風味。

而在寧平的三門餐廳 (Nhà hàng Ba Cửa) 特別值得推薦，位置絕佳，就在寧平的景點長安名勝群區域裡面，用餐時還可以一邊享受宜人的自然風景。

道 ‧ 地 ‧ 體 ‧ 驗

北越炸彈啤酒 (Bia Hơi Hà Nội)

越南人以喜歡喝酒聞名，而來自北方河內的生啤——河內生啤 (Bia Hơi Hà Nội) 味道比起南越的啤酒大多口味稍淡，所以不需要放入大塊冰塊就很順喉好喝，另外因為瓶身造型特別，又被稱作「炸彈啤酒」。

寧平鍋巴

寧平羊肉三門餐廳 ★★★★★　　**寧平**
(Nhà hàng Ba Cửa)

地址　Thôn Tràng An, xã huyện tỉnh Trường Yên, Hoa Lư, Ninh Bình,, Trường Yên, Hoa Lư, Ninh Bình
電話　+84 916311658
時間　09:00 ～ 20:00
價錢　VND 100,000 起
網址　bacua.com.vn

黃金醃烤魚塊在河內是在地特殊料理　　　　　位於寧平的昇龍烤魚

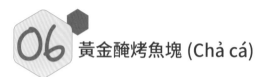

06 黃金醃烤魚塊 (Chả cá)

Chả cá 在越南普遍指的是魚漿，但是河內指的卻是烤魚肉塊。這道菜源自呂望烤魚餐廳 (Chả cá Lã Vọng)，外觀看起來就像一間民家，聽說當年是抗法的革命志士聚集所之一，根據河內在地人的口述歷史，Chả cá 這道菜就是這家店原創的菜色，在河內是「頂港有名聲，下港有出名」，甚至店前的路名後來都以這道菜做命名，叫做烤魚街 (Chả cá)。

這道菜的主角是斑點半鱠 (Cá lăng)，一種產於東南亞的魚，肉質扎實並帶有絲絲甜味。作法是將魚肉醃過夜，烹調時將醃好的魚用炭爐烘烤，餐廳會在餐桌上準備一個鍋，讓客人將魚肉放入熱鍋中，自行煎成金黃色的外皮，再配上綠色蒔蘿，店家還會附上魚露或蝦醬調味，可以配上花生米、米線一起吃，展現一種有別於北亞菜系的特色美味。

許多遊客會慕名前往位於老城區、擁有百年歷史的呂望烤魚品嘗 Chả cá，但近年有些遊客反應餐點雖美味但價格較高，服務也尚有進步空間，不過想體驗百年歷史創始店的朋友還是可以前往嘗試；在老城區也有別間 Chả cá 餐廳，例如當地人也很推薦、同樣在老城區的昇龍烤魚 (Chả cá Thang Long)。

呂望烤魚 ★★★★　　　　　　　**河內**
(Chả cá Lã Vọng)

\# **地址**　14 Chả Cá, Quận Hoàn Kiếm, Hà Nội.
\# **電話**　+84(0)2438253929
\# **時間**　11:00 ～ 14:00，
　　　　　17:00 ～ 21:00
\# **價錢**　VND 30,000 ～ 180,000

昇龍烤魚 ★★★★★　　　　　　**寧平**
(Chả cá Thang Long)

\# **地址**　19-21-31, Đường Thành, Hoàn Kiếm, Hà Nội
\# **電話**　+84(0)438245115
\# **時間**　08:45 ～ 22:30
\# **價錢**　VND 30,000 ～ 120,000
\# **網址**　www.chacathanglong.com

金黃色的魚塊　　　　　　　　　　　知名的呂望烤魚

澎湃多樣的鮭魚火鍋

煮成一鍋鮮味十足的火鍋，搭配山上涼爽的天氣，再美味不過

07 鮭魚火鍋 (Lẩu cá hồi)

越南北部的沙巴因為海拔高、氣候溫和，全年涼爽且冬季特別寒冷，和歐洲及北美的氣候相近，具備了養殖鮭魚良好的自然條件。目前沙巴的鮭魚養殖來自歐洲人工授精的魚苗，孵化後再將魚苗移往魚塘，與進口鮭魚不同，在沙巴養殖的鮭魚肉質扎實，除了低脂營養價值也高，所以鮭魚火鍋是來到沙巴不可不嘗的風味餐。

鮭魚的火鍋除了油脂豐厚的鮭魚外，有些會以鹽、辣椒提味鎖住鮭魚美味，佐以番茄、南瓜、胡蘿蔔、竹筍、菠菜、香菜與香蕉花與香茅等食材，稍微燉煮後味道甘醇味美，呈現出多層次的味道，濃郁魚湯與當地時蔬的搭配帶來全新食感，是極具越南北部特色的象徵鍋物，再點一瓶老街啤酒 (Bia Lào Cai)，非常過癮！

Moment Romantic
餐廳招牌

鮭魚又大又厚，充滿油脂

Moment Romantic 餐廳　　沙巴
★★★★★

 # 地址　026 Muong Hoa Street, TT. Sa Pa, Sa Pa, Lào Cai
 # 電話　+84(0)982884965
 # 時間　08:00 ～ 22:00
 # 價錢　VND 50,000 ～ 150,000
 # 注意事項　店面雖不大但服務非常好，店家若有行有餘力還會跟客人一一介紹每個火鍋食用的步驟

少不了搭配老街啤酒

越 · 南 · 人 · 才 · 知 · 道

別輕易嘗試山珍野味

越南早期許多人迷信「山珍野味」有食補的效果，所以一些野味店會提供像是果子狸或眼鏡蛇等動物，其中更不乏瀕臨絕種的物種、國家一級保護動物等，如穿山甲就是世界上非法交易量最大的野生動物之一，在政府取締下，非法野味店漸漸減少，所以旅人也不要以身試法，只要沒有需求就不會有捕捉，千萬別迷信野味。

梨莫傳餐廳可以一次吃到會安三寶　　　　　高樓麵

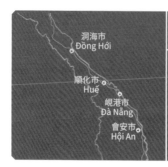

洞海市
Đồng Hới

順化市
Huế

峴港市
Đà Nẵng

會安市
Hội An

中部 Central

越南中部料理口味比南北菜系較鹹一些，中部菜的獨特風味就在於辛辣，顏色豐富，料理常常使用用紅色與棕色搭配，也常使用蝦醬料理，像是在中部順化省，由於過去是皇朝首都，菜肴受到皇家料理風格的影響，因此在製作和外觀方面也非常精緻，成為獨樹一格的美食風格

07 會安三寶

　　高樓麵 (Cao Lầu) 是會安古城的一道風味特色菜，黃色彈牙的麵條，佐以蝦肉、豬肉和生菜入口，非常好吃，跟會安的白玫瑰 (Bánh Bao Vạc)，即白色的麵皮做的餛飩、會安炸雲吞 (Hoành thánh Hội An)，即油炸的雲吞，算是會安特產三寶，很多餐廳都有，到梨莫傳餐廳可以一次點齊，一起搭配嘗試。

> **會安**
>
> 梨莫傳餐廳 ★★★
> **(Nhà hàng Lê Bá Truyền Hội An)**
>
> \# 地址　67 Phan Chu Trinh, Phường Minh An, Hội An, Quảng Nam
> \# 電話　+84(0)842353861335
> \# 時間　08:00 ～ 23:00
> \# 價錢　VND 50,000 起跳
> \# 網址　reshoian.com

白玫瑰

炸雲吞

裴女士雞飯是一間小小的餐廳　　　　　　　　　　　會安雞飯

02 會安雞飯 (Cơm Gà)

會安最有名的料理之一就是手撕雞的薑黃飯，搭配甜辛爽脆洋蔥絲以及紅蘿蔔絲，相當下飯開胃。中部的雞飯則與南部胡志明市的華人所帶進來的雞飯口味大不相同，南部華人風的是三次燙一次冰，講究皮脆，但是中部的雞飯則是一次燙熟，所以雞肉味道彈牙扎實。

裴女士雞飯是會安知名的雞飯餐廳，從1955 年由街頭攤販起家，現址的小店，雖店面不大位置也稍擠，但是店內滿滿都是慕名而來的食客，如果人多可能要跟人家併桌。

裴女士雞飯 ★★★ 　　　　　　**會安**
(Cơm Gà Bà Buôi)

地址　22 Phan Chu Trinh, Hội An, Quảng Nam
電話　+84(0)5113835999
時間　11:00 ～ 21:00
價錢　VND 30,000 ～ 55,000

03 峴港海鮮

峴港最出名的就是新鮮漁獲，如果來到峴港沒有嘗試海鮮，會很遺憾！想嘗一下鮮甜海產，最簡單的方式可以在附近海鮮店用餐，點菜方式就如同在傳統魚市買賣一樣，活跳跳的海鮮養在玻璃水缸裡，下單後店員後會將海鮮上磅，直接溝通價錢，所以可以用手指海鮮的方式溝通要多少，高掛的菜單部分也有簡體中文。鹹孩海鮮餐廳 (Hải Sản Bé Mặn A) 也是本地人愛去的大排檔，價格比專攻外國人的海鮮街便宜，點滿一桌價錢都不會太誇張。

鹹孩海鮮餐廳 ★★★★★ 　　　　**峴港**
(Hải Sản Bé Mặn A)

地址　Lô 11 Võ Nguyên Giáp, Mân Thái, Sơn Trà, Đà Nẵng
電話　+84(0)905207848
時間　09:00 ～ 23:00
價錢　VND 50,000 ～ 1,500,000(視海鮮時價)

道 · 地 · 體 · 驗

順化啤酒 (Bia Huda)

到了中部，不妨喝一杯順化啤酒「Huda」。2013 年年底順化啤酒曾在美國舉辦的世界啤酒大賽中，擊敗世界近 1,700 個啤酒品牌奪得亞軍，值得一試。

海鮮都是非常新鮮的水產、漁獲

靜家園在一棟別墅裡面　　　　　　　孫女氏荷夫人的照片掛在餐廳裡

宮廷料理

隨著時代演進發展，順化至今仍深受過去優雅文化的薰陶，就算如今首都已遷移至河內，順化仍然作為越南傳統文化的象徵地之一，迎接來自各地的國際觀光客，而這裡有一道來到順化，不得不嘗試的美食饗宴——宮廷料理。來到順化看得出過去身為首都的歷史優越感，而這一點也反映在菜色設計上，宮廷料理不但造型華麗講究，擺盤與視覺呈現更是給另一番享受。

坐落離皇城不遠的「靜家園餐廳」從皇城大門出發，只要散步約 8 分鐘便可抵達。靜家園餐廳的創始人是皇室的後裔氏荷夫人 (Tôn Nữ Thị Hà)，將炸春捲、綜合炒飯、串燒肉捲，運用鳳凰、祥龍、金龜等料理運用巧思精緻呈現，連裝飾用的鳳梨都可以雕成如燈籠一般的燈具，呈現宮廷料理的華美，每道菜的蔬果雕刻都是需要時間呈現的藝術。

靜家園宮廷餐廳 ★ ★ ★ ★ ★
(Nhà Hàng Tịnh Gia Viên) 　　　　　　順化

地址　7 kiệt 28 Lê Thánh Tôn, Phú Hậu, Thành phố Huế, Thừa Thiên Huế
電話　+84(0)914215033
時間　11:00 ～ 22:00
價錢　USD15
網址　www.tinhgiavien.com.vn

越 南 人 才 知 道

變身越南皇族

如果想體驗當古代越南皇族，預約餐廳時可以順便預約戲服，就可以穿著古代皇朝的戲服用餐，過過當皇族的乾癮，但請挑天氣涼爽的日子，怕熱的人可能要三思而後行，戲服會有一些額外費用。

料理製作成鳳凰的樣子，美味又美觀　　　烏龜模樣的炒飯

七味牛創造很多不同的牛肉吃法　　涮牛肉是其中一道吃法　　七味牛是南部的特色菜

南部 South

> 芽莊市
> Nha Trang
> 大叻市
> Đà Lạt
> 胡志明市
> Hồ Chí Minh
> 潘切市
> Phan Thiết

越南南部則喜歡帶酸甜味的菜肴，受到中國、柬埔寨與泰國的影響，所以喜歡加糖也會使用椰奶，使用更多元種類的香料與香草，也會使用醃魚等醃漬物入菜。

來到南部相對開放熱情的胡志明市，卻可以看到許多流通攤販，「人行道經濟」不可忽視，胡志明市主要的勞動人口，成就了人行道上的熱絡，所以街上美食也不少，但是建議視個人身體健康與現場衛生情況嘗試。

 七味牛

來到越南胡志明市，一定不能錯過非常有名的七味牛餐廳 (Au Pagolac)。早期南部的下六省養牛業很發達，因為位置接近柬埔寨，因此有很多占族人，也有人篤信回教，基本上不吃豬肉只吃牛肉，所以發展出許多牛肉料理。一位法籍的印僑在前江省開了一間賣牛肉粥小店，後來在 1930 年打造了全越南歷史最悠久的七味牛餐廳。「為什麼 7 味，不是 8 味或更多味？」我好奇問道。

原來當年創店之時最初的方針是每天賣一道菜，一週總共有 7 道菜，但也因此讓許多去下六省出差總是待一天或兩天的客人扼腕，無法在週間享用到全部 7 道菜色，所以 Au Pagolac 餐廳做了一式 7 道菜的固定菜單；基本上包含涮肉、烤牛肉、沙爹烤牛肉、清蒸、牛肉餅、乾煎以及牛肉粥各式不同做法的牛肉美食，配上米紙、大量青菜一起包肉，點上各

式沾醬如魚露，讓遊客可以一次享受美味，當然後期的七味牛餐廳研發了更多牛肉風味菜，絕不止是經典七味牛套餐。

1952 年，七味牛餐廳曾看準華商富賈至西貢第五郡展店，1975 年曾因繼承人返回法國嘗試開業而在越南暫停活動，直至 1990 年初期，又返回越南將外商連鎖餐飲的管理方法融入經營，將經營模式調整成更適合現代人餐飲觀念的餐廳。

七味牛 Au Pagolac ★★★★★　　**胡志明**
(Nhà Hàng Au Pagolac)

\# 地址　978 Đường Trần Hưng Đạo, Phường 7, Quận 5, Hồ Chí Minh
\# 電話　+84(0)903918146
\# 時間　10:00 ～ 23:00
\# 價錢　VND 300,000 ～ 550,000
\# 網址　aupagolac.com

隨處可見的小吃班燒　　　　　　　　　　班燒的豆芽菜給得非常豐富

02 班燒 (Bánh Xèo)

　　班燒是一種越南煎餅，也有人暱稱是越南的披薩，主要成分是黃薑粉與米漿，是越南當地隨處可見的小吃，南越流行用椰漿增加風味，再加入紅蔥頭、豬肉和蝦仁一起下鍋爆香拌炒，倒下黃薑粉的米漿燜燒後，煎出的餅皮金黃酥脆，再用新鮮的生菜當底，加入豆芽菜，像春捲一樣捲起來，吃的時候沾上魚露，口感非常清脆爽口，一大口咬下去，真是人間美味！

03 燒肉米線 (Bún thịt nướng)

　　北中南都有米線 (Bún)，口味各有不同，而南越的米線通常會配上香味四溢的烤豬肉、新鮮黃瓜，最後再淋上賦予這道菜靈魂的調和魚露，搭配起來味道酸酸辣辣。有時候烤肉會換成炸春捲 (Bún thịt nướng chả giò) 即炸春捲米線，也相當酥脆入口。

燒肉米線　　　　　　　　　　　　　　　米線搭配魚露非常好吃

烤肉碎米飯也有像這種自助餐式的，想要什麼料跟老闆講，幫你裝成一整個便當

每一家的烤肉碎米飯配料不盡相同

04 烤肉碎米飯 (Cơm tấm)

越南是白米輸出的大國，而烤肉碎米飯是一道北越人來到南越都會想試試的特色料理！碎米飯通常會搭配帶肋骨的肉排、荷包蛋以及醃製配菜，淋上調好的魚露與蔥油，非常好吃。碎米飯如其名，當初用的是篩米過後掉落的碎米，碎米以前通常拿來餵雞，或是收入無法負擔大米的人才會拿來食用，但這樣不完整的米粒煮出來的飯，後來卻慢慢演變成越南的國民美食。

05 越南醬醃湯米線 (Bún mắm)

米線是一種簡單的料理，越南海岸線綿長有豐富的漁獲，因鄰近柬埔寨，因此這道菜深受柬埔寨菜系影響。不似一般用大骨煮出來的湯底，越南人會利用南越一種特別的小魚做成醃魚替代大骨。這種醃魚製作很繁複，小魚須利用鹽巴發酵 1 個月後，倒掉鹽水再加入米糠醃製 1 個半月，瀝乾以後還要放糖調味料調味等，再發酵 2 個月才能醃製完成，所以這樣的醃魚富有特殊香氣，用這個醃魚煮湯瀝掉渣後，取鮮甜的湯水再放香茅，淋進放好米線的湯碗，最後配上燒肉、小管、蝦與一些香菜，香氣四溢令人食指大動。

> ### 越·南·人·才·知·道
>
> **魚露的小常識**
>
> 在越南若是每日下廚的料理人，若臨時少了魚露實在惹人心煩。魚露是東南亞料理中常用的調味料之一，主要以魚或蝦為原料。在越南的料理中，魚露既是作為沾料，也是入菜的好幫手；若是作為沾料，多數都會另外調味，像是加入檸檬、糖或是辣椒與水，味道喜好各家各異。因為魚露的濃度很高，直接食用會很鹹。
>
> 魚露一般不放冰箱，因為鹽分會變成結晶沉到瓶底，這樣味道就會走味了。

越南醬醃湯米線

有的粿條可以吃到整隻螃蟹　　　　　　充滿豐富海鮮配料的海鮮粿條

06 越式粿條 (Hủ Tiếu)

越式粿條是南越一種很普遍的麵食。中國的潮州人與閩南人都很愛米食，隨著華人移民遷移至越南，這道菜也傳到越南，主要是用豬骨與碎肉熬成湯頭，隨著粿條變得在南越盛行，也延伸出各式風味，主要有乾拌與湯食兩種吃法，配菜會有韭菜、蔥花與豆芽菜，依照地區不同會加上肉片或是新鮮海鮮等配料。特別的是，越南有粿條麵 (Hủ Tiếu Mì) 的吃法，也就是請店家混麵，一碗麵可以同時吃到粿條與黃色蛋麵兩種口味。

越南南部的粿條味道非常濃郁，特別是在胡志明市，旅人也很容易在街上任何一家麵館、或巷口裡找到街頭攤販，粿條也可以說是越南南部的經典菜餚，越南人通常把粿條當成早餐或晚餐。

07 酸湯 (Canh chua)

越南酸湯是一道非常道地的家常菜，在越南的地位就像泰式酸辣湯一樣，但有別於泰式酸辣湯的強勁酸辣味，越式酸湯是以羅望子為底，搭配鳳梨、番茄、秋葵、芋莖等時蔬，再加入越南香菜，味道比較溫醇。

因為越南人也愛吃煎炸的食物，配搭酸湯的酸辣味，有著口齒留香的香氣，通常還會放入魚肉或其他海鮮一起煮，吃的時候可以配白飯或米線一起吃。

酸湯裡很多的蔬菜、魚肉及海鮮　　　　　酸湯是越南的家常菜

除了賣越氏烤紙餅，攤販還有賣其他小點心　　越南版披薩，很受當地人歡迎

08 越式烤紙餅
(Bánh tráng nướng)

越式烤紙餅又被暱稱為「大叻披薩」，是一道在年輕人間大受歡迎的菜肴，做法是將蛋液混合奶油、檸檬汁，再加點洋蔥，可以依照喜好加上碎肉，均勻塗在米紙上，然後放在烤肉架上用小火慢慢烤，紙餅顏色會從透明變成米白色，直到蛋液與配料烤熟，再像法式可麗餅一樣對半折，就可以隨時邊走邊吃。

這道以米紙為基礎的大叻特色點心，近年在南北越大受歡迎，現在在大城市如胡志明市與和河內的人行道上常看到有攤販販賣烤紙餅，每到夜晚，就可以看見人行道上坐滿大啖烤紙餅的人。烤得香脆的米紙與包裹其中奶油香混合，香氣四溢讓路人常忍不住停下腳步購買，如果造訪越南可千萬要試試看這個越南「大叻披薩」。

現在在河內、胡志明市都可以找到

道·地·體·驗

南部最沁涼的在地啤酒！

在來到炎熱的南部不要錯過區域限定的西貢啤酒 (Bia Saigon) 與 333 啤酒 (Bia 333)！

西貢啤酒總共有 4 種：綠瓶 Lager、Special、紅西貢跟金西貢，最常見的是綠瓶西貢 Special，西貢啤酒口味比起 333 較為輕盈，而濃度 5.3 度的 333 啤酒，味道較為濃郁，適合喜歡重口味的人。

河內

Quan An Ngon ★★★
身受外國遊客喜愛的「好吃餐廳」

地址　18 Phan Bội Châu, Hoàn Kiếm, Hà Nội
電話　+84(0)902126963
時間　06:35 ～ 21:45
價錢　VND 60,000 ～ 335,000
網址　quananngon.com.vn

Quan An Ngon 直翻就是「好吃餐廳」的意思，餐廳分戶外區與室內區。空間設計有種古典的氣質，戶外區域會搭起屋頂遮陽，用餐環境空間十分通透又舒適，戶外兩側陳列各式傳統美食攤位，客人可以自行點餐，價格適中，非常很適合初到河內的人，可以從各式的美食中找到想吃的餐點。胡志明市也有這樣的餐廳，推薦 Nha Hang Ngon。

Quan An Ngon 門口

深受外國遊客好評的 Quan An Ngon

胡志明市的 Nha Hang Ngon 也可以吃到許多傳統美食

吃得像個越南人！
4 間人氣家常菜店家

胡志明市

Chi Hoa Vietnamese Cuisine ★★★★
價格、分量適中的家常菜

地址　31A Lê Thánh Tôn, Bến Nghé, Quận 1, Hồ Chí Minh
電話　+84(0)2838273155
時間　07:00 ～ 23:00
價錢　VND 100,000 ～ 300,000
網址　chihoacuisine.com

在俗稱日本街附近的 Chi Hoa 越南餐廳，中文直翻的話名為「花姐餐廳」，提供傳統家庭越南菜，乾淨的用餐環境，分量適中的料理，特別受日本人與旅外越僑的歡迎。

我如果在胡志明市特別想吃越南家常菜，我不是在 Chi Hoa 就會是在另一家餐廳 Quán Bụi。

Chi Hoa 餐廳

蒸麵包是很受歡迎的一道菜

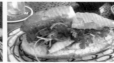

越式法國麵包

Quán Bụi- Original ★★★★
越南人認證的好吃餐廳

地址 17a Ngô Văn Năm, Bến Nghé, Quận 1, Hồ Chí Minh
電話 +84(0)2838291515
時間 08:00 ～ 23:00
價錢 VND 60,000 ～ 200,000
網址 quan-bui.com

現在已經有數家分店的 Quán Bụi，本店位在日本區，跟 Chi Hoa 一樣位於胡志明市中心，是一間相當典型的越南家常菜，我非常喜歡店內裝潢，走的是懷舊印度支那風格，使用新鮮的高品質食材料理、提供一流服務。在這邊吃飯很是享受，河內的朋友來試過，同樣讚不絕口。

炒南瓜花相當特別，很好吃

建議點綜合春捲盤，可以吃到多樣的口味

內部充滿印度支那復古風格

來到越南，絕對不能錯過嘗嘗越南特色菜或家常菜。越南天氣炎熱，家常菜常以魚露、醬油、檸檬、香草、碎花生、蔥油以及炸乾蔥入菜，口味酸甜微辣、清淡少油、清爽帶點脆感，就是道地的越南味，因此來到越南如果沒有嘗試特色菜實在可惜。

Vietnam House ★★★★★
越南名廚的精心款待

地址 93 - 95 - 97 Đồng Khởi, Quận 1, TP. HCM
電話 +84(0)2838222226
時間 11:30 ～ 15:00，17:30 ～ 23:00
價錢 VND 200,000 ～ 2,000,000
網址 vietnamhousesaigon.com
注意事項 這間餐廳有服裝規定，如果男生穿「吊嘎」背心，女生穿小可愛、超短褲以及拖鞋等，為了顧及其他餐廳用餐者的感受，會被婉拒入場

看過旅遊生活頻道《吃遍湄公河》(Luke Nguyen's Greater Mekong) 的朋友，可能會知道澳洲出生的越南名廚阮盧克 (Luke Nguyen)。除了是澳洲知名越南裔主廚兼節目主持人，而他也是 Vietnam House 的行政主廚與創辦人，餐廳位於胡志明市最熱鬧的同起街上，也是美軍駐軍時期很受歡迎的 Café l'Impérial 咖啡館舊址，阮盧克與團隊修復這間 20 世紀初的法式建築，並改作為餐廳，提供最高品質的越南特色美食，非常值得一試。

餐點非常精緻

餐點充滿創意又可吃到當地食材最佳風味

挑戰獵奇風味

越南奇葩特色菜，
吃過才算來過越南！

有的熱炒店可以點到田雞

來到越南怎麼可以不試試風味餐？我們以下要介紹的東西是從「街頭美食到高級餐廳」都能嘗到的特殊料理或風味餐，倘若你自認是個具有「吃貨精神」又愛嘗鮮的老饕，千萬不要錯過這幾道越南特色料理！

01 禾蟲烘蛋 (Chả rươi)

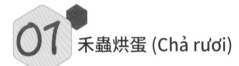

我是一個很愛吃烘蛋類的女生，所以當北越朋友說，要不要試試這道北越的烘蛋時，我二話不說馬上夾了一口送進嘴裡，朋友才揭曉菜名是「禾蟲烘蛋」。主要成分是秋季限定的「禾蟲」，混入鴨蛋、肉末、蔥、蒔蘿、魚露和橘皮等食材，再用油均勻煎後而成，老實說其實味道很棒。

烘蛋的橫切面非常誘人

像一條條像蚯蚓的禾蟲，其實不只在越南，中國廣東地區也有很多人嗜食禾蟲，被形容是水中珍品的禾蟲多棲息於水稻田中，當稻田放水後，禾蟲就會從出水口湧出，只能生活在乾淨的水源中的禾蟲，稍受刺激就會死掉。

越南北部習慣將禾蟲與蛋一起煎炸，做成富含蛋白質和維生素的農家菜「禾蟲烘蛋」，來到越南可以試試看，部分酒攤有賣。

Bún Đậu Homemade　　　**胡志明**
★★★★★

# 地址	Số 1 Nguyễn Văn Tráng, P. Bến Thành, Quận 1
# 電話	+84(0)939888284
# 時間	09:00 ～ 21:00
# 價錢	VND 25,000 ～ 100,000
# 網址	dauhomemade.vn

味道很棒，不如其名可怕

口感類似九層塔蛋，吃不出「蟲味」的別擔心

金草鴨仔蛋位於胡志明第二郡，是許多老饕都知道的小店　　鴨仔蛋被越南人認為是補身聖品

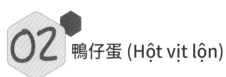

02 鴨仔蛋 (Hột vịt lộn)

「外國人不敢吃亞洲的雞屁股、魚眼睛，還有雞湯中的雞頭，這些你都敢吃？為何不敢吃鴨仔蛋？」我問我的台灣朋友。她想想也對，對許多越南人來說，台灣的臭豆腐才是令人驚恐的食物，結果台灣朋友一試鴨仔蛋成主顧，她說味道非常好吃，其實鴨仔蛋是越南人眼中的超級國民補品。

如果是發育較為成熟的鴨仔蛋，可以直接看見一點鴨體，整體而言會帶著腥味，味道好壞則是見仁見智，但一般的鴨仔蛋吃起來都口齒留香很彈牙，許多越南人獨鍾此味。添加鹽巴、胡椒、香菜調味後食用，能夠掩蓋腥味外又能提味。鴨仔蛋是越南人眼中經濟又營養的庶民美食，在越南更有很多人都宣稱鴨仔蛋有增強性欲的功效！

位於胡志明市第二郡的「金草鴨仔蛋」，蛋都處理得相當乾淨，價格公道便宜，很受當地人與外國人喜歡，生意非常好。

金草鴨仔蛋 ★★★★　　胡志明
(Hột Vịt Lộn Kim Thảo)

地址　104 Xuân Thủy, Thảo Điền, Quận 2, Hồ Chí Minh
電話　+84(0)937610714
時間　15:00～23:00
價錢　VND 8,000～30,000

越·南·人·才·知·道
鴨仔蛋的道地吃法

Step1
鴨仔蛋的精華就是湯汁，吃的時候可以放在置蛋器或小杯子上。

Step2
打開蛋殼時從尖頭處敲開，小心別浪費掉湯汁精髓。

Step3
用湯匙推開蛋膜。

Step4
加入一點檸檬胡椒鹽，吃的時候充滿肉汁的香氣。

Step5
拿起湯匙開吃，也可以加上店家附上的香草食用。

好購越南：精心選品
與在地伴手禮最前線

越南可以說是小資男女的購物天堂，來過越南的就
知道，將有機會可以挖到許多寶，主要是因為越南
的基本物價低廉，這也讓越南近年晉身亞洲經濟實
惠的旅遊購物天堂之一。

在越南購物是一件令人樂在其中的事情，越南的市
場不僅可以挖掘一些物美價廉的手工藝品，還能找
到在地獨特美食、特產，像是各式乾貨與旅人最愛
的咖啡與腰果，當然也有許多你想像不到的意外驚
喜，像是百年前法國人帶進來的紅酒文化，越南高
海拔山區的葡萄所釀的紅白酒，味道怡人芳醇，讓
愛酒人士直呼過癮。

近年越南發展迅速，許多國際品牌也都選擇進駐越
南市場，而在大都市像是河內、胡志明市更是品牌
的購物勝地，可以在百貨公司裡面找到各式國內外
品牌。在中部會安古城更是可以逛到許多融合越南
文化的文創、藝文與手工商品與服飾，深受外國遊
客喜愛。還有其他越南城市的在地市場、夜市都自
成一派，購物也變成一種另類體驗文化的方式。

別白花冤枉錢！越南購物時必知 4 大 Point

「等等買東西，我來說話，你不要講話。如果知道你是外國人，可能會收外國人價。」少爺說。天氣熱，在下龍灣我想買頂斗笠遮陽，果然少爺用越南話溝通，價錢就少了 10%，外國人價在都市外的風景觀光勝地比較容易發生。

而像是河內、胡志明市等大城市，商店中琳瑯滿目的伴手禮，總會勾起旅人購物的欲望，但是在異國購物時最好還是了解一下當地民情，隨時保有警惕之心，才能避免當了冤大頭。

· · · · · · · · ·

Point 01 機場免稅店 不一定比較便宜

旅人很容易抵擋不了「免稅」兩字的誘惑，但下手前眼睛要睜大，其實越南免稅店的商品，不見得比較便宜，在越南免稅店裡有部分商品，可能比在機場外面的超市或一般商店貴幾成，所以在機場商店大開殺戒之前，記得先做功課。

機場不一定所有品項都便宜，但就是圖個方便

Point
02 貨比三家不吃虧

購物前記得先比價

如果是旅遊勝地或在地的市場，越南通常有同類商店集中的現象，同一個商品的價格並不會各家都一樣，有可能同樣的商品隔兩家，價格相差幾成，建議如果有足夠的購物時間，還是多逛幾家、比比價格。

Point
03 下好離手前別忘殺價

下手前可以跟老闆談價

越南也是名符其實的購物天堂，因為物品單價比起歐美實在是令人大喊實惠，有些東西絕對有資格被稱為物美價廉，但是視情況除非是固定店面有貼統一標價的商品，不然記得可以嘗試跟老闆談談看價錢，讓你買到好貨又不傷荷包。

Point
04 如果在大型商場購物，記得詢問退稅

退稅窗口

外籍遊客在越南於有受退稅認證的商家購物，如果同天同家購物，金額大於 200 萬越盾即可申請退 8.5% 消費稅，在可退稅的商店若購物消費金額滿 200 萬越盾以上，記得向店員索取退稅發票，提供護照號碼就可以辦理，在機場記得將購物發票和退稅單提供海關蓋章，安檢後憑蓋章的發票和退稅單到退稅窗口領錢。

在地特色好物推薦
4 間居家美感選品店

越南是一個東西文化融合的國家，這一點也反映在近代設計品的外觀與風格上，許多新品兼具現代美感與傳統的特色。

越南獨特的設計選品

Ajisai 選物店 ★★★
買到失心瘋的越日式風格雜貨

 # 地址　8 Nhà Chung, Hàng Trống, Hoàn Kiếm, Hà Nội,
 # 電話　+84(0)2439380219
 # 價錢　09:00 ～ 20:00
 # 網址　www.ajisai.vn

開在河內聖若瑟大教堂附近的 Ajisai，品牌於 2013 年創立，是一間充滿濃濃日式風格的越南選物店，原是針對造訪越南的日本人而開設的選物店，從傳統風格到實用設計種類繁多，包含如各式零式、瓷器、雜貨、造型茶包、手工刺繡配件、 越南咖啡豆、各式紀念品如鑰匙扣、磁鐵、明信片造型書籤等，以及讓日本女孩愛不釋手的越南風情的藤編手提包。Ajisai 在河內的喜來登飯店以及樂天飯店都有據點，會安亦有分店。

Ajisai 是一棟 3 層樓建築，店員英、日語都可以通，也可以刷卡，這間分店還很貼心，3樓提供旅遊指南和休息室，如果逛街逛累的人可以至樓上休息，不但可以隨時使用 Wi-Fi 充電喘口氣，還能順便蒐集河內老城區接下來可以走跳的地方。

01
—
02
—
03

01 Ajisai 裡有許多越南傳統圖樣的瓷器餐具
02 也有很多可愛的筷架、湯匙，讓人愛不釋手
03 還有烏龜造型軟尺，從尾巴可以拉出軟尺測量長度

位於會安的 Mekong Quilts 展示店

Mekong Quilts 店門

Mekong Quilts ★★★★

買特色手工藝品又能做公益

地址
- 河內店（北部）：13 Phường Hàng Bạc,, 13 Hàng Bạc, Hoàn Kiếm, Hà Nội,
- 會安店（中部）：136 Trần Phú, Hội An, Quảng Nam
- 胡志明店（南部）：1st floor,, 68 Lê Lợi, Phường Bến Thành, Quận 1, Hồ Chí Minh

電話
河內：+84 (24)39264831
會安：+84 (235)3861531
胡志明市：+84 (28)22103110

時間
09:00 開店，19:00～21:00 閉店（每間店閉店時間各異）

網址
mekongquilts.com

竹子做的自行車非常的酷炫

Mekong Quilts 品牌源自一位女牙醫對手工棉被的熱愛，她在 2001 年時與非政府組織 Mekong Plus 合作，教導弱勢婦女生產手工織品與棉被。Mekong Quilts 創立的最主要的目的之一，就是幫弱勢群體創造出更多自給自足的就業機會，受助對象很多都是越南偏遠地區的農村婦女。

因為縫紉所需的門檻較低，參與計畫的女性可以在家工作，也能維繫家庭運作。最初的計畫僅由 35 位女性開始，後來這個計畫持續擴張，Mekong Quilts 率先在胡志明市開了一間獨立商店，也提供更多就業的機會給當地婦女，販賣許多高品質的手工織品，材質選用優質的絲綢與棉布，融入越南在地風格，看得見婦女一針一線的刺繡功力，相當精緻。

Mekong Quilts 後來更將範圍延伸至配件與禮品，使用對環境友善的材質，例如竹子、水風信子等做出更多創意產品，在店裡逛一圈可以發現各式圖樣的被子、圍巾和羊毛製品，最吸睛的還有「竹子做的自行車」。Mekong Quilts 的商品有些還可以訂製，滿足每位顧客不同的需求。

目前 Mekong Quilts 在胡志明市東北部及湄公河三角洲等地，僱用近 200 多名婦女，除了弱勢婦女能夠得到直接的經濟收益之外，透過 Mekong Quilts 這樣的品牌，收益還用來支援低收入戶微型金融服務、獎學金、衛生健康，甚至還包括農業教育計畫等公益。

Sadéc District ★★★
策展人的設計家飾選物店

 # 地址
- 胡志明市阮惠大道店
  —Sadéc District Boutique：
  91 Mạc Thị Bưởi, Bến Nghé, Quận 1, Hồ Chí Minh
- 胡志明市第二郡店—Sadéc District Two：
  63 Xuân Thủy, Thảo Điền, Quận 2, Hồ Chí Minh,

 # 電話
- 胡志明市阮惠大道店
  —Sadéc District Boutique
  +84(0)283822990910
- 胡志明市第二郡店—Sadéc District Two
  +84(0)2836203814

 # 時間 09:00 ～ 21:00

 # 網址 sadecdistrict.com

日本人跟法國人都很愛的一間選物店

最喜歡的 Amaï 瓷器系列

　　湄公河橫跨緬甸、老撾、泰國和柬埔寨，為亞洲第 7 長河，也是啟發 Sadéc District 品牌靈感的來源之一，店內的品牌大多來自湄公河所流經過的國家，精緻的家居創意品也充分反映出民間工藝力。在這裡可以找到顏色華麗、充滿設計美學的瓷器，以及手工編織的籃子，最受歡迎的產品應該是各式碗盤，造型美觀又極具功能性。

　　一踏入進 Sadéc District 就會看到各式手工感十足的碗盤、餐具、花器，在充滿巧思的陳列下，透過顏色幻化魔法，讓整個空間從進門到牆面裝飾的色調都均衡協調，逛起來讓人通體舒暢。

　　Sadéc District 的「Amaï 瓷器系列」相當受歡迎，也是讓許多訪越遊客失心瘋購買的商品之一，「Amaï 」原本意思是一聲驚嘆的「哇」，這個詞彙常能在該系列的兩位比利時設計師的故鄉安特衛普聽到，現在則是 Sadéc District 的主線產品線之一。陶瓷碗盤以自然不規則線條著稱，色調鮮明極富東南亞風格，也充滿浪漫奇幻的元素，我家就有好幾個碗盤是出自此系列。

Sadéc District 的大門口

明隆瓷器 ★★★

越南瓷器第一品牌

 # 地址　河內、峴港、平陽、胡志明都有數個展示點，請上明隆官網查詢

- 河內店
  3 - 5 Nguyễn Văn Linh, P. Gia Thụy, Q. Long Biên, Hà Nội
- 胡志明經銷店 - 高島屋百貨據點 (QHOME)
  4F, số 65 Lê Lợi, Bến Nghé, Quận 1, Hồ Chí Minh

 # 網址　minhlong.com

　　中國景德鎮瓷器享譽世界，而越南則有明隆瓷器 (Minh Long I)。在越南很多高級餐廳都是使用明隆的瓷器，甚至明隆瓷器也是常被歷屆越南國家元首選用作為國家禮品，在很多人心裡被認為是越南第一瓷，2017 年於越南峴港舉行的越南 APEC 峰會中，明隆也獲選成為活動贊助品牌。

　　明隆旗下產品眾多，除了最為人熟知的餐具之外，還有碗、水果盤、鍋的廚具系列、瓷器裝飾、咖啡茶具至花瓶、托盤等種類眾多，雖然明隆瓷器與許多歐洲名瓷，在製作與造型上也許還不能完全相提並論，但是相當具有傳統藝術價值，有些物美價廉的家用瓷器，對於一般主婦來說已是非常足夠使用。

　　明隆瓷器的創始人是越南華僑李玉明 (Lý Ngọc Minh)，他的祖先來自福建，靠著自修上釉技巧之後自行創業，開辦了明隆，目前歷經三代，已由第四代接班。明隆的瓷器可用於洗碗機、微波爐、烤箱等，所以不僅許多高級餐廳是明隆的愛用者，也有很多越南一般家庭選用。明隆的瓷器更是出口到世界各國，例如日本、美國、德國、法國、荷蘭，甚至東歐的捷克、斯洛伐克等都有明隆的瓷器輸出。

01
02
03 04
05

01 明隆瓷器可愛的小豬　02 明隆擁有許多精美的瓷器裝飾　03 明隆瓷器享譽越南　04 物美價廉的家用瓷器深受主婦喜愛　05 QHOME

越南衣服演進史
東方穿衣時尚碰上西方潮流

融合中西方元素的越南服飾

　　越南歷史服飾種類眾多，在古代，服飾就是顯示社會地位的重要依據，所以有相當嚴格的服裝規定。因為與中國複雜交錯的歷史與地緣關係，也讓越南王朝初期的服裝跟漢族很類似。

　　但在 19 世紀阮朝以後，越南人的服飾產生了一些變化，因為受清朝服飾以及法國殖民政權的影響，一般老百姓穿的日常服飾開始變得比較合身，越南著名的國民傳統服裝「奧黛」也是在此一時期開始成型。

　　也因為越南的特殊歷史背景，讓越南近代的服飾品牌充滿特色，融合東西方風格，將原創設計理念轉化為獨特的造型，打造出越南獨有的服飾風格品牌與生活方式。

Metiseko ★★★
法越混血的高端服飾品牌

地址　▪ 會安：Metiseko 有機棉店
　　　　　142 Trần Phú, Minh An, Hoi An
　　　　▪ 會安：Metiseko 自然絲店
　　　　　140 Trần Phú, Minh An, Hoi An
電話　▪ Metiseko 有機棉店
　　　　　+84(0)2353929878
　　　　▪ Metiseko 自然絲
　　　　　+84(0)2353929278
時間　08:00 〜 21:30
網址　metiseko.com

01
02|03　Metiseko 是由兩位法國人創辦的風格品牌

　　Metiseko 專注於製作真正的「越南製造」高級服飾、配飾和家居用品，Metiseko 的創意團隊從越南傳統文化中擷取靈感，運用越南絲綢與有機棉做衣服面料，穿起來相當舒適。取材自越南自然風景、植物、建築等元素，甚至將生活觀察融入創作中，例如越南人利用摩托車攜物的獨特風景、和諧的粉刷牆壁顏色，都可以成為 Metiseko 品牌的靈感來源。Metiseko 結合法國的感性與越南傳統元素，因此作品帶有獨一無二的別致感。

　　這個在越南生根的品牌 Metiseko 是由一對法國夫婦創辦，先生擁有一半越南血統，曾在越南從事與紡織品相關的各種公平貿易事業，妻子則是來自法國南部，曾在巴黎進行紡織品設計研究，兩人在越南相遇後結婚生子，因為熱愛越南，也因此一起孕育出 Metiseko。名稱來自先生一半越南一半法國的血統，法語中「Metis」指的是兩種文化混合的人，而「Eko」指的是生態，也點出 Metiseko 這個品牌的價值觀，創造時尚的同時仍希望能夠兼顧生態與環保。

THUY DESIGN HOUSE

融合傳統與現代的越南代表性品牌

 # 地址
- 河內店：
  09 Tràng Tiền Tràng Tiền Hoàn Kiếm Hà Nội Việt Nam
- 胡志明市：
  132-134 Đồng Khởi Bến Nghé Quận 1 Thành phố Hồ Chí Minh

 # 電話
- 河內：+84(0)2439378323
- 胡志明市：+84(0)2838248343

 # 時間 09:00 開店，19:00 ～ 21:00 閉店 (每間店閉店時間各異)

 # 網址 www.thuydesignhouse.com

　　THUY DESIGN HOUSE 是越南具有代表性的服飾品牌之一，在 2011 年成立，服飾以凸顯女人嬌美的模樣著稱，許多系列都融合東西方元素，玩轉傳統與現代，結合越南服裝、手工藝美學，運用越南文化中的華麗花紋和圖案，是最大的設計特色，也為傳統的越南旗袍奧黛，注入一股新的風格。

　　雖然並非主修時尚，在河內長大的設計師 Thủy 本人卻像是一名藝術家，也一直是越南時裝週的要角。Thủy 畢業於河內美術大學，之後前往東歐的烏克蘭留學並取得了美術碩士學位，在歐洲的生活和文化，讓 THUY DESIGN HOUSE 旗下的衣服混合東西方美學，衣服都像是藝術品般美麗，也符合現代需求。

融合傳統與現代的 THUY DESIGN HOUSE

順 · 道 · 看 · 看

胡志明市購買平價鞋衣好去處—西貢廣場 (Sài Gòn Square)

★★★

越南人把西貢廣場 (Sài Gòn Square) 當作找好物的平價市場之一，如衣服、鞋子、飾品與部分 3C 商品，許多批發主在這邊都有攤位，因為地處第一郡鬧區，又在日本系高島屋百貨公司隔壁，主要顧客是外國年輕遊客。

西貢廣場整個空間明亮整潔，衣服整齊排列，在這裡可以看到許多男女時裝、運動風衣、童裝等，還有符合外國遊客的歐規衣服。當然，西貢廣場有點像是所謂的「菜市場」，是可以跟攤主討價還價的喔！

 # 地址 81 Nam Kỳ Khởi Nghĩa, Bến Nghé, Quận 1, Hồ Chí Minh

 # 時間 09:00 ～ 21:00

這裡的商品都可以跟攤主討價還價

越南超市大冒險！
必訪連鎖超市 × 必買土產指南

越南必買土產

　　出遊總想要帶些伴手禮回去，分享給親朋好友及辦公室同事。但不知道要買什麼？ 來場超市冒險吧！既方便又能深入體驗當地人生活的方式。南北越都有的平價超市、城市中越來越普及的便利超商，甚至針對外籍人士的高品質國際商品的精品超市，都可以挖到不少越南獨有土產和平價伴手禮，不但一次輕鬆解決購物煩惱、還能保護荷包不會大失血。

重點超市與超商

安南超市
(Annam Gourmet Market)

越南主要大型連鎖超市，主要提供給外籍人士高品質商品。

\# 網址　annam-gourmet.com/about-us/our-stores

Co.opmart

當地人最喜歡的國營超市，上至泡麵到榴槤餅等土產，幾乎一應俱全。

\# 網址　www.co-opmart.com.vn/lienhe/
hethongcoopmart.aspx（僅有越文）

L'angfarm 直營店

可以買到包裝新潮的土產，在法屬時期的避暑山城大叻擁有自己的蔬果農場，旗下商品均是大叻新鮮蔬果製成，可同時買到如腰果、朝鮮薊茶、綜合果乾等精緻伴手禮，L'angfarm旗下也有自有品牌的咖啡及茶，包裝都相當精美。

\# 網址　www.langfarmdalat.com/dia-chi/store

其他超市與超商

MM Mega Market
\# 網址　www.metro.com.vn/en/danh-sach/trung-tam-mega-market

Big C Supercenter
\# 網址　www.bigc.vn/en/our-stores

全家便利超商
\# 網址　www.famima.vn/en/cua-hang

超市必買 12 項土產
Souvenir Guide

除了各店有限定的商品外，基本上這些搶手土產都可以在一般連鎖超市，像是 Co.opmart 或其他上述介紹的超市中找到。來看看有什麼好買？

01／榴槤餅 (Bánh Pía)

越南的榴槤餅最早源自於潮州，採用新鮮熟成的榴槤加工製成，皮薄餡軟，搭配以綠豆沙為基底的榴槤餡，有些口味還有包鹹蛋黃，對不是很愛吃榴槤的人，也都是可以接受的味道。

02／腰果 (Hạt Điều Lụa)

在台灣價格偏高貴的堅果類，在越南可就相對地物美價廉。越南腰果出口量是世界數一數二，有帶皮、去皮兩種，但去皮的稍貴；另外也有鹽味等調味腰果，以健康來說還是推薦原味，對身體比較沒負擔。在胡志明市堤岸篇章介紹的安東批發市場，也是台灣人最愛買腰果的地方，因為多數店家可以用中文議價。

01

02

04

03

03／椰子糖 (Kẹo Dừa)

如果參加湄公河旅遊相關行程，行程中通常都有安排參觀椰子糖製作。盛產椰子的越南，會把椰子絲加熱熬煮後，混入麥芽、砂糖和牛奶，製作出的糖果椰香飽滿濃郁，這款椰子糖則可以同時吃到椰子與榴槤兩種口味。

04／河粉調理包 (Phở Ăn Liền VIFON)

沒吃到河粉不能說來過越南，若想把越南的這份美味帶回國，可以考慮 VIFON 的河粉調理包，將越南河粉的美味帶回家！除了可以自行加料如肉片、青菜外，也能再添加檸檬、九層塔、魚露和辣椒等風味，最受歡迎的口味是牛肉與雞肉。

▶▶▶ 推薦品牌：VIFON

05 ／蟋蟀零食包 (Snack Dế Vàng)

　　你敢吃蟲蟲嗎？聯合國糧農組織 (FAO) 曾預估昆蟲可能是未來糧食不足時人類的救星，因為昆蟲既營養又環保，含豐富的蛋白質，這款「蟋蟀零食」吃起來微鹹，口感酥脆，可是喝啤酒時的最佳下酒小點！我還把這款零食，拿來當作旅途中「真心話大冒險，輸了吃一隻」的遊戲道具。

▶▶▶ 哪裡買：全家便利超商

06 ／越南咖啡與滴杯 (Cà Phê Việt Nam & Cà Phê Phin)

　　19 世紀的時候，咖啡因法國殖民而傳入了越南，而且發展出了自己獨有的咖啡文化。除了買越南咖啡之外，你也可以把具越南特色的咖啡滴漏杯帶回家，咖啡愛好者來越南一定不可錯過號稱越南第一的咖啡——中原咖啡 (Trung Nguyên)。另外，超市有些咖啡套組，購買咖啡會直接附贈滴杯，對於想嘗試越南滴漏咖啡或買去送禮的人，咖啡套組可說是一舉兩得。另外，馳名的老牌福龍 (Phúc Long) 販售的咖啡與茶則是南越限定，北部尚未設點。

▶▶▶ 推薦品牌：中原咖啡、VINACAFE、福龍

05

06

07

08

07 ／牛肉乾 (Thịt Bò Khô)

　　越南的牛肉乾吃起來跟台灣的不太一樣。台灣的牛肉乾口感扎實、肉香且富嚼勁，越南的牛肉乾則偏酥脆，很適合一邊喝啤酒，一邊當零嘴。

▶▶▶ 推薦品牌：泉記 (Tuyền Ký)

08 ／朝鮮薊茶膏 (Cao Atisô Lá Khô)

　　在歐洲素有「蔬菜之皇」的朝鮮薊被引進越南、在涼爽的山城大叻栽種，外型有如鱗片般的草綠外皮，含有多種維生素，並有護肝、降低膽固醇的功效。一般超市通常販賣較平價的朝鮮薊茶包，但 L'angfarm 販售的是萃取自朝鮮薊精華的茶膏，飲用方法是取 2 克朝鮮薊茶膏，兌上溫開水後即可飲用，視個人習慣也可以加糖或是蜂蜜增添風味。

▶▶▶ 推薦品牌：L'angfarm

09 ／茶─茶農系列
Sense Asia

　　Sense Asia 直接與茶農接觸，包裝用茶農的笑容作為封面，展示茶農們對茶葉的熱情。茶款從綠茶、普洱茶到伯爵茶等共有 10 款，還有特別的芒果椰子風味紅茶，以及黃薑檸檬花草茶。

▶▶▶ 哪裡買：安南超市

10 ／果醬
La Petite Epicerie Saigon

　　這個果醬品牌由 3 位法國年輕人於胡志明市創立，運用越南豐富的水果，製成 9 種口味的果醬，其中很特別的口味有像是番石榴檸檬草、木瓜香草等口味。果醬的祕方來自傳承好幾代的家庭食譜。La Petite Epicerie Saigon 的果醬不像市面其他品牌那樣死甜，除了只使用天然在地食材，其中新鮮水果含量為 6 成，而最終糖含量只占了 5 成左右，不添加任何防腐劑著色或添味，而且以小量生產煮熟以保存水果的最佳風味，加上精巧包裝是送禮很不錯的選擇。

▶▶▶ 哪裡買：安南超市

11 ／綠豆餅
(Bánh Đậu Xanh)

　　綠豆餅是在越南隨處可見的特色點心，入口即化不會太甜膩，精選綠豆磨成細膩的粉末，再加入白糖和油脂製成，口感酥軟香甜。

▶▶▶ 推薦品牌：金龍綠豆餅 (Rồng Vàng)

12 ／蔬果乾
(Bánh Đậu Xanh)

　　越南的蔬果乾，不油、不膩，而且酥脆爽口，味道相當豐富，是容易一吃就上癮的零嘴。Vinamit 牌的果乾在超市很容易找到，是觀光客喜歡購買的老牌蔬果乾，有紫薯、香蕉、波羅蜜、南瓜、苦瓜、綜合等不同口味。另外，L'angfarm 的綜合蔬果乾內容類似，口感也非常棒，若需要大量團購，就得到 L'angfarm 直營店購買。

▶▶▶ 推薦品牌：Vinamit、L'angfarm

體驗越南：6 大特色文化、習俗、生活民情，當個道地的越南人！

有些旅人在出國時常有除了「吃」、「買」與掃景點外，常有不知道該做什麼的煩惱。其實不論是單身上路還是結伴同行，每一段旅程都是一段開廣視野的體驗，發掘各地好玩的各種體驗，參加在地特殊特色活動，甚至是嘗試用破爛的當地語言與當地人溝通，通常能讓人用一種全新的眼光來認識這個世界的美好。

越南有很多具特色的體驗，像是尋幽探祕一處「別有洞天」的地理奇蹟，觀賞一場奇特的水上木偶，試穿越南國服奧黛所帶來的美麗文化碰撞，坐上機車遊城市貼近在地文化，體驗越南瘋狂的夜生活，坐在路邊的熱炒攤吃著從沒吃過的小吃，乘坐人力車做城市探索，還有到越南的美容店體驗洗髮與美甲等，這些有趣的體驗不僅另辟蹊徑開闢了旅遊途中不同的風景外，更能用一種新方式來感受大千世界的萬般精采。

如果想要在越南體驗「異想不到生活體驗」，那就得揮別走馬看花的旅行方式，跟著書中精選日常中的美好事物，放慢生活腳步，展開一趟美好體驗旅程，勇敢嘗試那些從未做過的事！

重現帝王的御前享受
越南國粹水上木偶

從表演的欣賞角度來講，水上木偶有一種台灣古早觀賞皮影戲、布袋戲的趣味，雖然難以與現代劇場相比，不懂語言的外籍人士，看到最後難免有點疲乏，在傳統表演若不創新就將逐漸沒落的殘酷現代，這種傳統技藝在越南是否會沒落值得觀察，在這項傳統消逝之前，不妨前往一探過往在越南人農閒時間的娛樂。

河內昇龍水上木偶劇院
(Nhà hát Múa rối Thăng Long)

★★★★

地址　57b Đinh Tiên Hoàng, Lý Thái Tổ, Hoàn Kiếm, Hà Nội
電話　+84(0)2438249494
時間　無休
價錢　VND 100,000
交通指引　還劍湖附近
網址　thanglongwaterpuppet.org

胡志明市金龍水上木偶劇院
(Nhà Hát Múa Rối Nước Rồng Vàng)

★★★

地址　55B Nguyễn Thị Minh Khai, Quận 1, Thành phố Hồ Chí Minh
電話　+84(0)839302196
時間　無休
價錢　VND 230,000
交通指引　搭乘計程車前往

水上木偶的由來

水上木偶無疑是越南很特殊的一種文化體驗，歷史可以追溯到 11 世紀，已擁有近千年歷史，最早開始於河內紅河河域，後來更成為皇帝觀賞的御前水中表演節目。

水上木偶的表演最早的起源是出自紅河三角洲，造訪過河內的人都知道，河內地區湖泊遍布，當年在農閒或河水氾濫時，在「水鄉澤國」的農民就發展出這種自娛娛人的活動，搭起簡單的架子，拿起木偶就能演出。

在 11 世紀的李朝，水上木偶已能做出相當細緻的表演，這項技藝在 18 世紀時達到最高峰，傳到法國殖民統治時期卻又一度衰落，直至近代，水上木偶戲逐漸在北越復興，成為外國人了解越南的一種方式，而這項傳統文化藝術，在越南對外的文化交流上也有許多貢獻。

一般旅遊客不是造訪還劍湖旁的河內昇龍劇院，就是胡志明市的金龍劇院，同座不乏是外籍人士與旅遊團客。剛旅居越南的前兩年，我是在一個很偶然的情況下，於散步時經過胡志明市的戲院，一時興起進去買票觀賞水上木偶 (Múa rối nước)。

水上木偶已經有近千年歷史

水上木偶的表演故事與方式

水上木偶的表演方式是，在表演之前於水池上搭起舞台，而操縱木偶的老師就站在竹簾後面的水中，他們會穿上不透水的工作衣物，利用竹竿與細線操縱木偶，進而做出各式各樣細膩動作演出，用兩側樂隊的樂聲來表現劇情張力，表演用的水木偶，製作時會選用材質輕、耐蟲蛀且浮力佳的聚果榕木製作，最後繪上各種顏色，一般木偶不超過 50 公分，重 7 公斤，操作一尊木偶有時需要 10 來條線。

表演以充滿越南色彩的傳統歌曲開場，隨著劇情的展開，各式造材講究的手工雕刻木偶陸續出場，全場以越南語表演，樂隊的隊員也會擔任配音及旁白襯托劇情，觀眾不需要懂越南語也能領略故事內容，

主要演繹農民的日常生活，從插秧、划船、慶典，還有各種神獸與神話故事。

其中裡面有個靈魂人物是 7、8 歲的笑孩 (Chú Tễu)，在木偶劇中用於反諷封建時代官員腐敗或擔任旁白的喜劇角色，設計為小孩，也是因為「童言無忌」。另外，「還劍湖的黎王還劍」傳說也是熱門的表演橋段之一，水上木偶 2009 年被聯合國教科文組織列入人類無形文化遺產。

水上木偶表演

水上木偶的操偶師表演結束謝幕

全女性導遊司機（圖片提供／XO Tours）

機車是由越南的最佳工具之一（圖片提供／XO Tours）

坐「抱抱摩托車」遊越南城市

什麼是計程摩托車(Xe ôm)？

大部分遊客選擇越南旅行時，一般都會選擇計程車作為交通工具，但是若是想要更深入當地，到「摩托車國度」的越南旅遊時，Xe ôm 就是一種更便宜、更有趣的交通工具。

Xe ôm 在越南語直譯其實是「抱抱車」，但當然實際乘坐的時候不需要真抱。如果仔細觀察，在越南的每條路上都可以找到 Xe ôm，有的司機會在摩托車前掛著標有 Xe ôm 的標誌，或是會有司機在角落等待。傳統的計價方式會用喊價，不過現在則可以使用手機應用程式，像是 Grab Bike 等 APP 呼叫計程摩托車司機，價格還是比計程車更便宜。

全女性司機的 XO Tours！坐 Xe ôm 遊會安、西貢

XO Tours 是一間旅遊公司，利用摩托車載遊客探訪在地文化，有各式主題像是都市巡禮、探詢巷弄美食、購物行程、夜晚的西貢等，而且是第一間全女性司機的計程摩托車公司，她們會穿著飄逸的越南國服奧黛，帶著遊客從在地人的角度遊覽越南城市！

XO Tours

★★★★

電話　• 會安：+84(0)907088305
　　　• 胡志明市：+84(0)933083727
時間　09:05 ～ 22:00
價錢　USD48 ～ 75(視行程)
網址　xotours.vn (上網報名)
注意事項　導覽以英語為主

深受國內外遊客歡迎 (圖片提供／ XO Tours)

氣質必備！
越南的美甲養護狂熱

越南風行美甲與指甲養護的原因，其中一說是跟好萊塢明星黛碧‧海倫 (Tippi Hedren) 有關，多數美國人是因她演出懸疑電影大師希區考克 (Sir Alfred Hitchcock) 執導的電影《鳥》(The Birds) 而認識她。

70 年代中期，她前往探望加州越裔難民營女性，而這些女性對她修剪亮麗的指甲大感興趣，讓她心中浮現了可以教這些越南女性美甲技巧，以求得一技之長的念頭。

後來這股美甲風潮在加州開枝散葉，有人說也因此讓這股風潮也吹回了越南；但越南當地媒體也曾做過一篇報導，提供另一種說法，早在 60 年代的胡志明市就有「美甲」相關服務，但在當時都是服務收入有相當水準的白領階級，像是美國人、法國士兵、商賈與當地政府人員。

無論這股風潮是怎麼而來，隨著數十年的人才培訓與美甲潮流不墜，在越南「美甲設計」服務已經是非常普遍的商業行為，不但品質優良，最重要的是價格也相當經濟實惠，來到越南一定要試試看！

洗髮、美甲的好去處

髮型美甲咖啡一應俱全！如果你在胡志明市旅遊，想要試試看洗髮、美甲又想吃下午茶，MERCI 就是你的最佳選擇。漫步在胡志明被暱稱為日本街的黎聖宗路上 (Lê Thánh Tôn)，很難不注意到這間金色又時尚的店面。MERCI 是一間複合式美容沙龍，從手腳指甲養護、設計，到髮型、按摩洗頭

都有。最棒的是，MERCI 也是一間咖啡廳， 跟你去的朋友都不會無聊，可以點個下午茶 套餐或享用健康輕食，自己也可點杯雞尾酒，一邊喝一邊輕鬆做指甲修護。

另外，由越南知名模特兒開的一間護髮沙龍小店 Cám Hair Spa，座落在第一郡鬧區的的小巷弄中，主打運用草本精華萃取洗髮服務，深受當地西貢女孩歡迎，隱身巷弄中店面也不大，掛著小小的木製招牌，可以搭配頭皮膚質選擇不同的洗髮精，是個單純體驗越式洗髮的好去處。

MERCI nails, hair & cafe ★★★★

\# 地址　17/6 Lê Thánh Tôn, QUận 1, T.p Hồ Chí Minh (靠近日本街)
\# 電話　+84(0)2838258799
\# 時間　09:00 ～ 21:00
\# 價錢　美甲服務 VND170,000 起； 洗髮 VND 200,000 起
\# 網址　www.merci-space.com/en
\# 注意事項　胡志明市有數間，建議提前於網路預約

Cám Hair Spa ★★★

\# 地址　39/11 Mạc Thị Bưởi, Bến Nghé, Quận 1,Hồ Chí Minh
\# 電話　+84(0) 937533125
\# 時間　09:00 ～ 20:00
\# 價錢　各式草本精華的洗髮按摩 VND 250,000 起
\# 粉絲頁　@camherbs.thaomoc
\# 注意事項　在莫氏柚路 (Mạc Thị Bưởi) 上的那側的對街，從一條賣畫的小巷內進入

體驗與優雅
共舞的
越南奧黛

從被稱為「越式旗袍」的奧黛 (Áo dài) 是越南京族的傳統服飾，從前在越南古代有嚴格的服裝規定，也能展現社會地位，雖然近代對於越式旗袍的來源尚無定見，但有部分人認為是受18世紀初期，清朝滿洲人所穿的旗袍影響，繼而演化成為越南的國服。

奧黛之於越南女人，究竟以什麼樣的意義存在呢？從學校、結婚喜慶的慶典之中，可以窺得一些端倪，不管是過去或是現代，越南女人總要擁有幾套特別昂貴的奧黛，有些身材保持不錯的還會傳承給女兒。在河內、胡志明等大都市現今已無法隨處可見，但如果是學校或是舉辦喜宴的大飯店附近，看見穿著奧黛的女孩機率就非常高，許多高中女學生也會穿著奧黛款式校服，若是家裡有喜事、正式的場合，女孩也都會穿著奧黛美美示人。

Miss Saigon Studio

★★★★

\# 地址　29 Lưu Văn Lang, Phường Bến Thành, Quận 1, Hồ Chí Minh
\# 電話　+84(0)2862913585
\# 時間　08:00 ～ 22:30
\# 價錢　USD 38 起 (服裝、專業化妝造型、照片 DVD)
\# 網址　www.misssaigonstudio.com

Miss Saigon Studio 位於 2 樓

奧黛在越南語中意思就是長襖，特色是「高領」與「開叉」，衣服上半身剪裁合身，展現女性的柔美曲線，從腰部開始有 H 型的開衩，下半身會配上白色布料的寬鬆長褲，衣服的緞料布面多是絲綢，摸起來很滑順，這樣的設計讓越南女性生活相當方便，蹲坐或騎腳踏車都不是問題，能夠適應各種生活情境，而不少來造訪越南的遊客，也會特別到訂製奧黛的裁縫店，訂做一套合身的奧黛。

許多高中女學生的校服也是奧黛，通常是白色或黑色

姐妹淘、全家福兩相宜！
穿越南傳統服飾拍照

赴日要穿和服、浴衣，到韓國要穿韓服，到了越南當然要穿越南旗袍奧黛！藉著旅遊的機會感受各國服飾的美，當然也要拍下主題網美照。而越南胡志明市作為自由行的熱門城市，來到此地當然要體驗穿奧黛拍照！

在胡志明市的「Miss Saigon Studio」有許多奧黛款式，可以體驗不同的歷史時代，拍照時也能選擇特定越南場景，還提供許多道具做搭配。不知道該選什麼款式也可以請服務生幫你推薦幾款，男生、女生甚至小朋友都有款式可挑，很值得嘗試。

奧黛或是傳統服飾體驗是一堂美的學習課，不僅僅是外在的美，還有內在沉澱，穿上奧黛的女性即使是一個提手或一個轉身，都會自然而然變得很優雅。Miss Saigon Studio 則是從布料設計、待客的應對，到為客人穿上奧黛與傳統服飾每一道工序，都小心翼翼為旅人打理。

穿傳統服飾拍一張全家福吧！小朋友也有很多款選擇（圖片提供／連恭賢）

越南婚禮直擊！
5 大習俗
看過來

從幾乎在每一場婚禮，都可以見證當地結婚的習俗。越南也有一些獨特的訂婚、結婚習俗，台灣太太這邊介紹一些鮮為人知的婚禮傳統給大家知道！

家長準備相親會談的禮品（圖片提供／Bòm）

1. 檳榔是必備物品，婚前有長輩齊聚的「相親會談」

當男女雙方決定在一起之後，男方父母會向女方的父母提出「相親會談」的需求，而「檳榔」就是不可缺少的東西，代表了夫妻之間一輩子在一起，廝守終身的象徵。所以在相親會談時，男方就會帶一盒檳榔，與 8 位男方長輩前往女方家中去「談判」做相親會談，在會談中談談婚禮的細節，有點像台灣的雙方家長見面。在這樣的場合，男女主角會穿得比較正式，男生會穿傳統衣服或比較正式的西裝，而女生一般則會穿傳統的奧黛。

為相親會談做準備的長輩（圖片提／Bòm）

雙方長輩婚禮會談前家裡要布置是傳統（圖片提供／Bòm）

2. 男女雙方各有「送收禮大隊」

而參加「相親會談」的男方當然不會空手來訪，一般會帶上一些茶、酒等 5 ～ 7 樣禮物來見女方的家庭。通常會安排年輕人負責捧著要給女方的禮物，前面再安排小孩拿著紅燈籠，等女方的代表長輩出來迎接時，男方大隊始能進屋。講究的越南人，除了新郎著正式服裝外，捧禮的男丁通常也會穿著整齊裝束，而女方也會安排幾個女生接禮，男女兩方一字排開，畫面很是隆重好看。

男女「伴郎伴娘」迎接新人 (圖片提供／ Bờm)

許多新人喜歡遠赴大叻拍攝婚紗照 (圖片提供／ Bờm)

3. 新人拍婚紗！
風靡越南的婚紗熱點

相親會談結束也表示訂婚儀式結束，之後的幾個月則會籌備結婚典禮，像是喜帖、現場工作安排等，新人還有一個很重要的任務就是拍婚紗照。越南的國土形狀是 S 形，南北距離長達 1,650 公里，所以地形、氣候不同，除了在河內、胡志明市知名景點拍婚紗照之外，最熱門的戶外婚紗地點，就是擁有美麗海岸線的中越峴港、古城會安，還有小瑞士之稱的山城大叻，不只越南當地人，甚至許多中外新人都不遠千里而來越南拍攝海外婚紗照。

越南也流行拍西式的婚紗照 (圖片提供／ Bờm)

4. 結婚當天新人需要「迎賓」

在婚禮當天，有一點特別不同。在台灣的新人，新娘會接受萬眾矚目進場，在越南的習俗則是新郎、新娘兩人站在門口迎賓，歡迎親朋好友進場。聽說早期的越南社會，結婚儀式的宴客更是有趣，根本不在同一個地方，而是男女雙方各自在家宴請親朋好友，男方宴請完畢後才會前往女方家將新娘迎娶回去，現在則是逐漸西化，一般新人都是請男女親朋好友至同一個地方宴客，而非各自宴請。

現在越南的婚禮逐漸西化 (圖片提供／ Bom)

改良式奧黛成為婚紗

5. 越南結婚新娘穿傳統奧黛

雖然越南傳統婚嫁服裝因應時代和場合不停變化，但在阮朝之後女性開始在婚禮上穿著精心縫製的「奧黛」作為婚服，直到現在仍是相當普遍的越南婚服。按照阮朝留下來的習慣，原本新娘和新郎當天只能穿越南國服奧黛和圍頭巾，但開放後的現在，年輕新人有更多選擇，新娘可以選擇穿婚紗，或是像白紗的改良式奧黛；新郎則可以穿西服或是傳統服飾，服裝視新人喜好相當彈性。

6. 收禮時不登記，紅包要投到小房子裡

婚禮當天，包紅包祝福新人的習俗與台灣相似，但與台灣不同的是，越南的收禮桌上常常會看到一個專門收紅包的收禮箱，最常見的是房子造型。賓客可以在紅包上寫上名字 (並非強制)，最後收禮人員會從投遞箱中取出紅包統一計算。所以參加越南婚禮，如果找不到收禮人員，可以找找看有沒有像是小房子的收禮箱。

提供賓客簽到的收禮桌

晚上要去哪裡 High？
鬧區庶民酒攤、酒吧與夜店攻略

人生得意須盡歡，來到夜生活蓬勃的越南，怎麼能不安排一些夜間活動，而且由於越南啤酒生意活躍，在越南享受夜生活並不是特別昂貴，大喝啤酒的同時，荷包也不會大縮水！

越南最普遍的就是「酒攤」，有點像我們台灣的熱炒店，如果晚上想吃宵夜，或是想跟三五好友喝杯啤酒，最好的選擇就是酒攤，不但可以體驗越南在地啤酒，還有許多好吃的下酒菜，越接近晚上，特別是胡志明市，你就會看到酒攤隨處可見。

河內和胡志明市等大城市中，隨處可見熱鬧的酒吧、夜店，熱門旅遊景點像是會安、峴港、美奈也都不乏不錯的酒吧。我在越南的首次夜店行，依舊讓我記憶猶深，是的，就是會在舞池熱舞的那種夜店。

「去夜店？那我是不是要回家換個衣服。」少爺被拱帶大家去夜店體驗，身穿輕便 T-Shirt 和輕便鞋的我發問。「不用啦，這樣就可以，不用換了。」少爺說。結果一去到現場馬上後悔。相較於台灣，女孩子去夜店可以穿著比較隨性輕便，除非有特別服裝規定，都可以進入，但在越南每個女孩都「重裝上陣」，衣服說是小禮服都不為過，打扮非常用心，輕便打扮的我反而看起來非常突兀。

所以如果在越南想去夜店，一定要注意一下店家是否有相關服裝規定；而跟台灣一樣，男孩子穿拖鞋一定都會被拒絕進入。

河內

　　河內與東南亞其他首都的夜晚比起來較優雅恬靜，但這個城市還是擁有許多熱鬧的酒吧和夜店，位於老城區的還劍湖周圍可以體驗音樂和各種各樣的調酒、啤酒。但由於河內有嚴格的宵禁，夜店跟酒吧通常在午夜之前關閉，所以通常夜生活到 12 點左右就會陸續結束。

謝現街 ★★★★
(Phố Tạ Hiện)
體驗庶民生活！
河內夜晚最熱鬧的啤酒角落

地址　Số 18 Tạ Hiện, Hoàn Kiếm, Hà Nội.
價錢　視店家不一定

謝現街是一個河內東西方文化的交匯點。

　　位於河內老城區中心地帶的謝現街 (Phố Tạ Hiện)，被認為體現了河內最典型的夜生活，如果想體驗庶民夜生活，就要來到在法國殖民地時期稱為 Géraud 路的謝現街。這是一條長 200 米的街道，擁有許多酒吧與夜店，被熱愛夜生活的國外遊客列為河內必去景點之一。如果待到 11 點左右，還能體驗河內「宵禁」登場，會看到許多警察巡邏，提醒店家把桌椅收回去，就代表「該收攤囉！」

樂天大樓★★★★★
(Top of Hanoi)
絕美夜景盡收眼底！

地址　54 Liễu Giai, Ngọc Khánh, Ba Đình, Hà Nội
電話　+84(0)2433331000
時間　17:00 ～ 00:00
價錢　VND100,000 ～ 300000
交通指引　位於樂天大樓的 67 層樓

　　若想一覽河內星光夜景，Top of Hanoi 會是一個好選擇，可以坐在吧台享用招牌雞尾酒，並欣賞河內美麗的夜景，這裡也可以簡單用餐，氣氛浪漫優雅，是許多情侶與西方旅客都喜歡造訪的地方。

可以一覽河內的夜景

胡志明市

　　吃完晚餐就想回去睡覺？在夜貓子天堂胡志明市，到酒吧暢飲，去夜店狂歡，不出門你真是錯過太多了！胡志明市跟河內比起來是個不夜城，直到過了午夜，街上通常都還是燈火通明。如果想要體驗庶民街邊喝啤酒的方式，可以說是「北有謝現街、南有范五老」，旅人可以到背包客最愛的范五老酒吧街暢飲，或前往胡志明市到處林立的特色酒吧，抑或是到高空酒吧欣賞夜景，以下推薦幾個胡志明市晚上的好去處！

范五老街★★★
(Phạm Ngũ Lão)
胡志明市夜晚最熱鬧的酒吧街

\# 地址　Phạm Ngũ Lão, Quận 1, Hồ Chí Minh
\# 價錢　視店家不一定

夜晚是熱鬧酒吧街，附近也很多平價飯店

　　由范五老街路附近 4 條路所圍起來的區域，一般泛稱為「范五老酒吧街」，可說是胡志明市夜生活最繁華的一條街，這條街聚集各式越式小吃、背包客平價旅店和特色酒吧、小館、換匯點，以及當地旅行社，而且隨便一家咖啡館、酒館都能遇到來自世界各地的旅人談天說地，是個許多背包客交換旅遊資訊的樂園，喝杯飲料都能交到朋友，甚至是碰上豔遇的機會！

Chill SkyBar ★★★★
一覽夜景的高空酒吧

\# 地址　AB Tower, Tầng 26, 76A Lê Lai, Quận 1-26F
\# 電話　+84(0)938822838
\# 價錢　VND 100,000 ～ 120,000

可以看到美麗胡志明夜景

　　於 2011 年開張的 Chill SkyBar，在胡志明市遠近馳名，算是開創高空酒吧風潮帶領者之一，坐落在濱城市場附近的 AB Tower 大樓，不需要入場費，只需要達到低消點杯飲料，在戶外圍著特別的圓形吧台，可以一邊盡情跳舞，一邊體驗胡志明市絢爛的夜景，再跟旅伴來杯好喝的雞尾酒，真是愜意。

Carmen Bar ★★★
享受超讚 LIVE 音樂表演

地址　8 Lý Tự Trọng, Bến Nghé, Quận 1, Hồ Chí Minh
電話　+84(0)903618577
時間　07:30 ～ 00:00
價錢　VND 150,000 ～ 200,000
網址　carmenbarsaigon.com.vn

　　Carmen Bar 自 2000 年營運至今屹立不搖，這裡每晚都有現場音樂表演，酒吧的外型具有西班牙南部風格，走到 Carmen Bar 門口，會看到一整面延伸的石牆，特別設計的木桶與三腳椅，讓人感覺在中世紀的城堡地窖中看表演。

　　建議可以點杯 Carmen Bar 中的招牌──西班牙水果酒 Sangria，欣賞充滿拉丁風格的現場音樂表演，通常大約到 20:30 左右，台上就會開始有樂團表演到深夜，非常值得與旅伴一同前往，消磨一個優雅的夜晚。

晚上的 Carmen Bar 五彩繽紛

01|02
03|04
01 訪客可以點水果盤　02 Carmen Bar 最受歡迎的水果酒 Sangria　03 現場音樂表演　04 Carmen Bar 門口裝飾別具特色

QUI - Cuisine Mixology
★★★★★
越南當紅名人出沒地

地址　22 Lê Thánh Tôn, Bến Nghé, Quận 1, Hồ Chí Minh
電話　+84(0)2838288828
時間　17:30 ～ 02:00
價錢　VND100,000 ～ 500,000

內裝非常時尚，是很多名流喜歡造訪的地方

QUI - Cuisine Mixology 是一間結合酒吧與輕食的複合式酒吧，位於胡志明市第一郡熱鬧的黎聖宗路 (Lê Thánh Tông)，QUI 的整體設計不但時尚且豪華，全店採用溫暖的木質裝飾，現代又優雅，除了好吃的輕食餐點外，還提供各種創意雞尾酒、紅白葡萄酒以及清酒，晚上如果來到 QUI，還很有可能看到越南當紅的名流或是模特兒。

LUSH NIGHT CLUB
★★★
西方遊客朝聖的熱舞天堂

地址　2 Lý Tự Trọng, Quận 1, TP. HCM
電話　+84(0)903618577
時間　20:00 ～ 02:00
價錢　VND 200,000 ～ 440,000
網址　www.facebook.com/lushsaigon

LUSH 也是在越南的外籍人士會去的夜店

LUSH 自 2004 年成立以來，一直是胡志明市首屈一指的夜店之一，也是年輕人的娛樂天堂，許多當地人與西方遊客都會來朝聖，內裝走偏工業風的設計，擁有寬敞的舞池，音樂風格為主流的舞曲與嘻哈，如果想要感受西貢絢麗的燈光與熱情電音、體驗舞池熱舞狂歡，通常在 20 點左右就可以陸續入場，但真正要 21 點以後整間店的人潮才會活躍，想體驗「西貢夜店」的遊客，可以來 LUSH 一探究竟。

旅宿越南：歷史古蹟 × 設計美學，必宿絕 美飯店導覽

出門旅行不論國內外，住宿地點都相當重要，除了住宿的體驗外，還要考量交通，還要顧及交通轉車的時間，而其實出國住哪兒是依照每個旅人的需求而定， 而在越南有著很多的優質酒店與歷史飯店，難得的一趟旅程，如果情況允許，犒賞自己住好一點的飯店，更添行程的美麗回憶。

台灣近年有許多老屋改造的老房轉型成為民宿，繼續成為當地的歷史記憶，與旅人互訴歷史情懷，其實在越南這片土地上，也有許多充滿歷史記憶的古蹟級酒店。從北越的百年飯店到南越胡志明市第一間百年國際大酒店，這些古蹟酒店乘載了許多讓人津津樂道的故事，也讓「住」這件事變得更饒富趣味，透過盤點越南充滿歷史的獨特酒店，除了新穎的五星酒店，旅人旅遊時可以有更多住宿選擇，用一種不同的角度遙想當年。

除了歷史古蹟酒店，越南也有著深厚多元文化，近年也有許多設計旅店紛紛如雨後春筍般出現，質感和創意不輸星級酒店水準，如果你是一個對設計充滿興趣，也喜歡享受不同住宿環境的人，去越南的時候可千萬別錯過這些設計酒店。

投宿有學問！
越南住宿的 3 大 Point

　　越南是一個總是帶來驚喜的國家，最近更有晉身成全球熱門的旅遊目的地之一的潛力，多元高 CP 值的住宿選擇也如雨後春筍般出現，吸引著世界各地的遊客，越南住宿的時候因應當地文化規則，也有一些需要注意的事項：

● ● ● ● ● ● ● ● ● ●

Point 01
省下交通費！
初心者建議投宿市中心飯店

選擇市中心的飯店較方便

　　越南交通幾乎以計程車為主，價格雖不貴，但是越南有太多高 CP 的住宿，而且就在市中心，與其選擇便宜且較遠的住宿，不如住在市中心，在不用攔車的情況下，可以慢慢步行到景點，住近一點也可以省下更多交通時間；再者，市中心的店面通常營業時間比較晚，晚上還可以體驗夜生活。

Point 02
簽證被收走別緊張！
飯店會保留護照或簽證

記得退房時要取回護照

　　「奇怪，護照怎麼沒有還我？」第一次在越南住宿時，我問少爺。原來在越南普遍住宿的時候，住宿飯店都需要住客出示護照，甚至會要求房客寄在櫃檯以方便檢查，有時會退還護照但是保留簽證，旅客辦理旅館退房時，一定記得要取回護照。

Point 03

特殊法規要注意！
單身男女授受不親不能同房

「請出示您與先生的合法文件？」我在度假飯店準備 Check-in，提供了護照，被問了這個問題一頭霧水。原來在越南，根據法規，如果是未婚男女投宿飯店的情況下，若要同住一個房間，特別是「外籍配越籍」，只要是單身的情況下都會要求出示結婚證書，如果無法出示，就得安排男男、女女一房或單人房，但如果都是外籍遊客就不在此限。

跟少爺去潘切的五星旅館慶祝結婚週年，飯店很客氣的請我們出示合法文件，少爺說還好我早有準備，拿出了「結婚證書」，證明我跟少爺的「合法關係」後飯店才提供了房間給我們。

如果你有越南的朋友，想要去朋友家借宿，照規定越南朋友需要去函通知警察部出入境管理局，擔保外國人入境，倘若外籍人士與房東不是夫妻關係，外籍人士其實就應該要下榻飯店、旅館或旅社，如果違反規定被抓到，會被處以約 65 美元的罰金。

越 南 人 才 知 道

住宅長得很窄高

越南跟台灣不同，並沒有像台灣一樣的騎樓建築文化，在越南的街上，可以發現越南房子偏向「窄長型」，寬僅 3、4 公尺，長10～15 公尺，高則是 3～5 層樓。

原因是越南早期經濟能力較差，在戰爭結束以後，由政府重新劃分土地，也因為地價稅是以房屋所占路面的寬度計算，跟京都的傳統町屋徵稅計算方式有異曲同工之妙，這種窄長房屋文化就這麼被繼承了下來。

民居與墳墓為鄰

很多越南的民居都跟墳墓比鄰而居，從都市到鄉下都有，大都市比較少見，特別是鄉下，希望將過世的親人埋葬在家的附近，方便上香跟追思，所以如果有機會住到平民住宅區，可以觀察一下這個特殊現象。

越南房子門面都瘦瘦窄窄的

住的是歷史！
4 間法殖時期古蹟飯店

飯店內的裝飾畫

越南因為積極發展旅遊業，所以在首都河內與胡志明市的飯店為數眾多，五星連鎖飯店也紛紛進入越南；不過越南因為過去的歷史，在這片土地上乘載歷史記憶的可不只是皇城、寺廟等知名景點，也有不少保留古蹟建築的飯店。若以懷舊越南歷史文化為觀點，這裡也精選了 4 間擁有不可取代歷史地位的建築飯店，住宿的同時也同時體驗到越南豐富的過往歷史。

河內

大都市索菲特傳奇飯店 (Sofitel Legend Metropole Hanoi) ★★★★★

優雅美麗的百年大飯店

地址　15 Phố Ngô Quyền, Tràng Tiền, Hoàn Kiếm, Hà Nội
電話　+84(0)2438266919
價錢　依照房型不同約 USD 300 ～ 800
網址　www.sofitel-legend-metropole-hanoi.com

索菲特傳奇飯店門口

調整圖說為飯店內也有許多品牌店與高級餐廳

坐落在河內最精華老城區，河內大都市索菲特傳奇飯店 (Sofitel Legend Metropole Hanoi) 早在 1901 年開業，是越南古老殖民時期飯店之一，外觀充滿殖民時期的風情，走過老城區很難不對這間飯店多看兩眼，一襲乾淨白色灰泥色、搭配復古百葉窗，不張狂卻又保有優雅造型，讓人想一窺究竟。

此地整體保存完好，散發著百年優雅氣息，安潔莉娜・裘莉 (Angelina Jolie)、凱撒琳・丹尼芙 (Catherine Deneuve)、女星珍・芳達 (Jane Fonda)，甚至美國老布希總統都曾來下榻。更特別的是，1936 年默劇大師卓別林在上海結婚後，選擇在這間美麗的飯店度過他人生特別時刻──他的蜜月。知名英國作家威廉・薩默塞特・毛姆 (William Somerset Maugham)，則在這裡完成了其中一部作品《The Gentleman in the Parlour》。

充滿歷史的索非特飯店，也是印度支那時期最早播放電影的場地之一，越南在 50 年代宣布獨立後，飯店被移交給當時的越南政府，更名為「統一飯店」，用來當作政府官方招待所，後面經歷了飯店普爾曼 (Pullman) 體系，現在加入索菲特 (Sofitel) 飯店體系。若尚無機會入住，也可以在河內大都市索菲特傳奇飯店裡面喝杯下午茶，體驗當年能夠將名流聚集於此的優雅魅力。

胡志明市

西貢歐陸飯店★★★
(Hôtel Continental Saigon)
法屬時期以來最老的飯店

\# 地址　132-134 Đồng Khởi, Bến Nghé, Quận 1, Hồ Chí Minh
\# 電話　+84(0)2838299201
\# 價錢　依照房型不同約 USD 135 ～ 200
\# 網址　www.continentalsaigon.com

許多人喜歡坐在戶外，讓人有種在法國的錯覺

走到胡志明市知名景點的西貢歌劇院時，就會看見隔壁深具歐風、建於 1880 年的西貢歐陸飯店 (Hôtel Continental Saigon)，就聳立在胡志明市最熱鬧的同起街上。這間飯店可以說是法屬時期最古老的飯店，50 年代，這裡是南越的達官、名媛交際花、外交官、記者等人出沒的熱門場所，如果仔細觀察，其實西貢歐陸飯店與歌劇院的位置取角，跟法國巴黎的歌劇院幾乎同出一轍。

西貢歐陸飯店本身也出現在小說與改編的同名電影《沉靜的美國人》(The Quiet American) 之中，小說作者格雷厄姆‧格林 (Graham Greene) 當年撰寫此作品時，正是西貢歐陸飯店 214 號房的長期住客。《沉靜的美國人》講述著法國的殖民統治中獨立後與其影響的故事，在改編電影中，則是英國老牌明星米高‧肯恩 (Michael Caine) 與布蘭登‧費雪 (Brendan Fraser) 所主演，講述 1952 年前後，發生於法屬印度支那西貢一段哀傷的三角愛情故事。

若選擇入住這間飯店，我都會建議先去看看《沉靜的美國人》的書或是電影。

西貢歐陸飯店也是電影《沉靜的美國人》故事中的地點

西貢華麗飯店 ★★★★
(Hotel Majestic Saigon)

唯一享有河景的殖民時代遺產

\# 地址　1 Đồng Khởi, Bến Nghé, Quận 1, Hồ Chí Minh
\# 電話　+84(0)2838295517
\# 價錢　依照房型不同約 USD 130 ～ 700
\# 網址　majesticsaigon.com

西貢華麗飯店

緊鄰西貢河畔的西貢華麗飯店 (Hotel Majestic Saigon) 也是越南胡志明市一座歷史悠久的飯店，1925 年由當地越南華商許本華所興建，外觀比西貢歐陸飯店更高調氣派，藝術性的裝飾、精雕細琢的外牆與陽台，都訴說著當時富麗輝煌的風光，也間接反應法國殖民時代的審美觀。

一踏進大廳，就會看見許多黑白歷史照片、木頭地板、彩色玻璃窗戶、復古家具，還能看見早期黑色撥盤電話，所有的擺設都會有回到法國殖民時代的感覺。客房也相當復古典雅，浴室的大理石紋裝飾將會令住客印象深刻，許多人最喜歡的則是屋頂酒吧，因為可以將西貢河景色一覽無遺。

華麗飯店在 1975 年時，還曾一度更名為湄公河飯店，與河內的大都市索菲特傳奇飯店一起被收管為政府的招待所，後來才恢復

名稱為原來「華麗飯店」，目前為國營企業的西貢旅遊公司所管理，如果想體驗東南亞殖民飯店建築的歷史氛圍，華麗飯店可說是相當經典的選擇。

順・道・看・看

將西貢河美景盡收眼底的「Breeze Sky Bar」

★★★

如果住在西貢華麗飯店，可不能錯過可以一覽西貢河風景的頂樓，是絕佳觀賞河景的餐廳，也可以安排在 Breeze Sky Bar 享用晚餐。晚餐套餐至少美金 160 元起跳，若覺得價格比較高貴，小酌一杯倒也無妨。

來到頂樓可將美景盡收眼底

西貢華麗飯店內的大廳，復古又大器

胡志明市

雷克斯飯店★★★★
(REX HOTEL SAIGON)

地理位置極方便

\# **地址** 141 Nguyễn Huệ, Bến Nghé, Quận 1, Hồ Chí Minh
\# **電話** +84(0)2838292185
\# **價錢** 依照房型不同約 USD 160～230
\# **網址** www.rexhotelsaigon.com

鄰近胡志明市的阮惠大道，雷克斯飯店 (Rex Hotel Saigon) 由一位法國人建於 1927 年，但最早並非作為飯店用途，而是一間兩層樓的汽車維修與展示間，用來展示了雪鐵龍與其他歐洲汽車。

在 1959～1975 年，越南阮福應氏 (Nguyễn Phúc Ưng Thị Ung Thi) 夫婦，將這座建築改造成了百間客房的「雷克斯飯店」，設有電影院、自助餐廳、舞廳以及圖書館，美國陸軍士兵是首批接待的客人。

雷克斯飯店屋頂的露天酒吧，在越戰期間是美軍發布軍事新聞的地方，當年的記者們都笑稱是「五點傻瓜會」(Five O'clock Follies')，因為他們認為這些美國軍官對戰情過度吹噓，但屋頂的露天酒吧，仍是軍官與戰地記者最喜歡的聚會場所之一，現今則有 Live Band 的表演。

瑞士友人來訪越南還特意下榻雷克斯飯店體驗歷史氛圍

位於阮惠大道的雷克斯酒店的地理位置極佳

完全不想退房！
特選越南 3 間美學炸裂風格飯店

別具一格的飯店一景

越南胡志明市的飯店百家爭鳴，價位比其他國家同等級飯店比起來顯得親和力十足，設計旅店與精品飯店的魅力令人無法抗拒，以下精選了西貢 3 家最具特色的設計旅店與特色飯店，若你身處設計相關產業，或只是對設計充滿興趣，下次造訪胡志明市時，不妨親自感受一下這些飯店的獨特魅力。

胡志明市

西貢萬韻飯店★★★★★
(The Reverie Saigon)
義大利奢華設計！絢麗程度爆表

#地址　22-36 Nguyễn Huệ và 57-69F Đồng Khởi, P.Bến Nghé, Quận 1, Hồ Chí Minh
 # 電話　+84(0)2838236688
 # 價錢　依照房型不同約 USD 300～800
 # 網址　www.thereveriesaigon.com

飯店有兩隻宏偉的巨象塑像

　　義大利設計融合亞洲元素的「西貢萬韻飯店 (The Reverie Saigon)」在 2015 年 9 月首度在胡志明市最繁華的阮惠大道與同起街亮相，搖身一變成為第一郡最具標誌性的建築物之一，經過的行人都會被那富麗堂皇的門口與兩隻巨獸雕像所吸引。

　　如果你是喜歡華麗貴氣的風格，那你一定會喜歡西貢萬韻飯店的內部設計，義大利著名家具設計公司聯手合作，匯集義大利知名品牌與義大利工藝，讓每間客房都展現出獨特個性，從優雅古典、夢幻浪漫、時髦前端各式風格應有盡有，西貢萬韻飯店可說是胡志明市貴氣與華麗兼具的住宿選擇。

　　住在這裡一定要記得去參觀飯店的天花板，上頭展示越南的地理輪廓，是由手工吹製的玻璃所拼出，令人相當驚豔。大廳還有一個高達 3 公尺、將近 1,000 公斤的特製綠色時鐘，也成為獨一無二的迎賓裝飾，想要有個貴氣十足、奢華的住宿體驗，絕不可以錯過絢麗程度爆表的「西貢萬韻飯店」。

01
02 | 03
04 | 05

01 飯店大廳與義大利水晶燈　02 內裝無比奢華　03 大手筆的大理石地磚　04 手工吹製的玻璃吊燈　05 另一側門口則是石獅巨獸石像

胡志明市

東桂神祕島 ★★★★
(The Myst Dong Khoi)
懷舊新穎兼具的設計飯店

 # 地址 06-08 Hồ Huấn Nghiệp, P. Bến
Nghé, Quận 1,Hồ Chí Minh
 # 電話 +84(0)2835203040
 # 價錢 依照房型不同約 USD 300 ～ 460
 # 網址 www.themystdongkhoihotel.com

東桂神祕島飯店 (The Myst Dong Khoi) 是我個人非常偏愛的一間飯店,因為我的訂婚迎娶就是在這間充滿鮮明色彩對比、印度支那風格與強烈設計感的飯店中舉行,所以充滿回憶。東桂神祕島飯店位於胡志明市中心,外觀上有著非常獨特的造型,白色不規則立面充滿了大小交錯的窗戶,與附近中規中矩的高樓建築形成相當鮮明的對比。

而我喜歡東桂神祕島飯店的原因是,室內懷舊情懷與當地傳統元素滿溢,一進入大廳,若抬頭往上一看,深具特色的工業風天花板可是大有來頭,是利用擁有 200 年歷史、法屬時期營運的 Ba Son 造船廠拆卸所留下的廢材,再經過設計師的精心設計,融入成為迎賓大廳的一部分,設計的飯店建築師透過設計,試圖保留因快速城市化而快要消失的傳統和文化遺跡。

東桂神秘島飯店的外型相當特別

與迎賓大廳一樣,東桂神祕島飯店有個顏色分明的戶外咖啡吧,也是利用造船廠遺留下來的工業配件設計而成,採用傳統越南房子傳統布局,客房木頭地板與家具與水泥色的牆面十分搭配,而且臥室內使用家具與瓷器,都讓住客感受一股溫馨的氛圍。

房間充滿西貢懷舊情懷

大廳也利用 Ba Son 造船廠的廢材轉化成飯店天花板藝術裝潢

大廳旁邊的休息區與電梯　　　　飯店餐廳

胡志明市

西貢美憬閣藝術飯店
★★★★
(Hotel Des Arts Saigon)
宛如藝術博物館般美麗

 # 地址　76-78 Nguyễn Thị Minh Khai, Phường 6, Quận 3, Hồ Chí Minh
 # 電話　+84(0)2839898888
 # 價錢　依照房型不同約 USD 250 ～ 700
 # 網址　www.hoteldesartssaigon.com

　「我住這間飯店的這幾天，完全沒走出大門一步。」朋友 K 來了西貢幾天，對這間飯店充滿了愛意，舉起雙手大推。

　西貢美憬閣藝術飯店 (Hotel Des Arts Saigon) 在 2015 年正式營業，離胡志明歷史悠久的熱門景點如紅教堂、歌劇院、百年郵政局都非常的近，而西貢美憬閣藝術飯店在設計上是一間擁有法國血統的五星精品飯店，融合了法國印度支那殖民地風格與現代藝術，帶點西貢 30 年代的獨特的風味。

　西貢美憬閣藝術飯店中的畫作，來自當代著名的越裔藝術家武高潭 (Vũ Cao Đàm) 在法國創作的作品，走廊牆壁上展示的畫作和古董精品，讓客人從踏入飯店的第一步就開始浸淫在藝術的美好中。

順・道・看・看

游泳池旁的高空酒吧
「Social Club Rooftop Bar」
★★★

如果住在西貢美憬閣藝術飯店，千萬不要錯過位於頂樓的餐廳與露天吧台，是觀賞城市日景與夜景的絕佳地點，點杯雞尾酒悠閒聽著音樂，非常舒適。

頂樓擁有露天游泳池與酒吧吧台，非常受西方遊客歡迎

　除了牆上的實體藝術品，西貢美憬閣藝術飯店也常會舉辦許多藝術活動，邀請當地著名歌手、時裝設計師和各國藝術家來此舉辦活動，客人就像入住在一間美麗的藝術博物館一樣。

越南旅遊通信
Vietnam Traveling News

越南簽證

台灣的旅客赴越南需要事先申請簽證，若是東協的成員國家，像是泰國、印尼、新加坡、柬埔寨、馬來西亞及寮國，則不需要簽證可在越南逗留 30 天或以下的天數，出國前請自行上外交單位的網站上確認。越南可以申請落地簽證，但是也需要事先透過線上服務或特定旅行社申請，可能會產生旅行社處理費用，他們會協助處理文書作業。

貨幣

越南貨幣是越盾(Dong)，匯率波動約是 VND22,500：USD1，對台幣約是 VND750：NTD1。而使用越南幣的時候，請注意，紙鈔顏色相近，5 萬與 50 萬的面額也時常會搞錯，所以付錢時請仔細檢查，請勿直接拿給對方結帳了事。越南商家常常以「千」為單位，如果商家說「100」，就是指「10 萬」越南盾的意思。

以 10 萬來說，就是「100」

預約越南當地行程

胡志明市的濱城市場附近也有許多當地旅行社

遍布全國「The Sinh Tourist」旅行社

\#**地址**　河內、順化、峴港、會安、芽莊、大叻、潘切與胡志明市均有設點，總部位於胡志明市

\#**網址**　www.thesinhtourist.vn

旅遊網站事先預訂：可以事先透過旅遊網站如 KKDAY 或是 KLOOK 網站預定當地行程。

透過飯店預訂：稍有規模的飯店多數都有代訂一日遊或是交通的諮詢櫃檯，像是河內老城區的飯店，連中型的飯店都能夠諮詢一日行的行程。

透過當地旅行社預定：越南在知名景點有許多當地旅行社，像是河內的老城區、胡志明市的范五老街都可以找到，其中比較多人使用、較有規模的是北中南都有據點的 The Sinh Tourist。

越南機場往返市區交通

河內內排國際機場 (Sân bay Quốc tế Nội Bài)

▶▶ 1. 計程車或 Grab 叫車 推薦

計程車是根據里程計價收費。建議下載叫車 APP 例如 Grab，會比計程車稍微便宜一些，適合趕時間的旅客或是有 2～3 人同行分享車資，車資視地點決定，單程 VND20 萬～33 萬 (台幣約 260～440 元) 不等，車程約 30～40 分鐘，如用 Grab 可直接設定飯店地址，不用再轉乘。

▶▶ 2. 網站預定租車 推薦

可出發前上旅遊網站如 KLOOK 訂購機場接送，會安排司機在接送點舉牌等待並協助放置行李，提供機場與飯店間的單程接送服務，費用與時間和計程車差不多，好處是若有兒童可預先安排兒童座椅。

▶▶ 3. 公車

進城可坐 7 號 (終站：Bến Xe Kim Mã) 或 17 號河內城際公車 (終站：Bến xe Long Biên)，單程車資 VND5,000 (台幣約 7 元)；首班車上午 5 點，末班車晚上 22 點；約 20 分鐘一班車，約需 1 小時車程。

▶▶ 4. 機場巴士

86 線公車，車資 VND3 萬 5 千 (台幣約 46 元)；河內機場上午 6 點半首班車出發，末班車晚上 23 點。

▶▶ 5. 迷你巴士

私人小巴停靠在出機場右手邊的停車場，由數間巴士公司營運，坐滿後出發，機場出發約 VND3 萬～6 萬 5 千，較不建議不會越南語的人交涉搭乘。

胡志明新山一國際機場 (Cảng hàng không quốc tế Tân Sơn Nhất)

▶▶ 1. 計程車或 Grab 叫車 推薦

計程車是根據里程計價收費。機場出來後往左手邊走，可以在計程車集合處搭乘計程車，或使用 Grab 叫車，單程 VND12 萬～17 萬 (台幣約 160～230 元) 左右，進城不塞車的情況下車程約 20 分鐘，倘若塞車則是 50 分鐘～1 小時，建議進出機場都至少要預抓 50 分鐘的車程比較保險。

▶▶ 2. 網站預定租車 推薦

旅遊網站如 KLOOK 訂購機場接送，司機會在入境大廳外指定櫃檯舉標誌，提供機場與飯店間的單程接送服務，視接送地點單程約 VND12 萬 (台幣約 160 元) 起。

▶▶ 3. 巴士 109 號

雖然有其他公共巴士可搭乘進城，不過 109 號是最受歡迎的巴士，最多可容納 70 名乘客，因為是低地板、寬門的巴士，較方便攜帶大行李的乘客，單程車資 VND2 萬 (約台幣 26 元)，會抵達許多觀光客下榻的飯店與觀光景點濱城市場。

越南常見交通方式

計程車

計程車在越南已成為最方便和最受歡迎的交通方式之一，特別是在大城市，通常起跳價 VND1 萬～1 萬 4 千不等，之後每公里約 VND6,000 ～ 8,000，可多人共乘，最大可叫 7 人座的計程車。上車前盡量換一些小鈔如 1 萬、2 萬或 5 萬等紙鈔，避免司機找不開前；上車後，請先注意里程數，以免下車時被超收車資。

三輪人力車

在河內、胡志明市、順化以及會安，都可以看到人力三輪車，特別是順化、會安與河內老街都很適合搭乘人力車觀光，坐人力車悠遊景點，是輕鬆又環保的代步工具。許多三輪人力車都可以從當地飯店預訂或是現場談價，以漫遊河內的老城區三輪人力車體驗為例，在旅遊網站上如 KKDAY 預先訂購，價格約落在 VND21 萬（台幣約 280 元）。

摩托計程車

而說到穿梭越南市區最快速的付費交通工具，就是摩托計程車 (Motorbike Taxi/Xe Om) 了。路邊時常可以見到私家摩托計程車在喊價，外國遊客有可能會遇上收費較當地人稍高的狀況；如果擔心價格談不攏的話，也可以使用越來越熱門的 APP「GrabBike」，價格都有受到限制，司機都會穿著公司制服。若喜歡體驗當地文化，坐坐看摩托計程車也是一種有趣的方式。

摩托車租借

許多景點都會有摩托車租借的服務，需要提供護照才能租借摩托車，還要簽署租借合約，有些店家會需要預先付清款項或是預付訂金。停摩托車時一定要在有人看管或是規定的停車場，以避免遭竊的可能。若是有人代管的路邊停車，通常會需要付一點費用，約 VND 5,000 ～ 1 萬不等，而且一定要帶安全帽。

越南大部分的人都是以摩托車、電單車或腳踏車代步

火車

越南鐵道服務比起很多地方尚未臻完善，雖然越南鐵道公司官方網站的英語介面，可以查詢火車班次及時間表，但觀光客常發現無法用國際信用卡過帳；若是在火車站購票，多數站務人員不諳英文。因此建議透過旅行社訂購，價錢只比自行至火車站購票稍高一些，不會差太多。

長途火車都有臥鋪，車票也包含三餐的便當，但是若是長程如胡志明市前往河內，耗時約 30 ～ 40 個小時，現在許多人都直接改搭國內班機。如果是中程，如芽莊到峴港、河內前往沙巴等倒是可以嘗試。

 # 網址 越南鐵道公司：www.dsvn.vn

臥鋪長途巴士

臥鋪長途巴士（Open Bus / Sleeper Bus）可以在車上過夜，是一種非常方便又省錢的交通工具，因為越南城市與城市之間車程較遠，常常需要 6 小時起跳，很適合在車上睡覺消磨時間，所以「臥鋪巴士」不但受當地人喜愛，也很適合觀光客搭乘。臥鋪長途巴士也有分等級，建議透過旅行社購買較方便，許多觀光客會透過 The Sinh Tourist 訂購，然而有些地點的票很熱門，盡量避免當天出發時才購買，建議提早購買才不會向隅。

網址　The Sinh Tourist：www.thesinhtourist.vn

Grab 叫車

先至手機 APP 商店下載 Grab 安裝到手機，註冊時填寫姓名、E-mail 與電話，姓名建議填寫英文方便司機稱呼；有時候訂完車，司機都會再打電話來確認地址，這時可以把電話交給飯店或餐廳的服務人員幫忙，只要設定好上車的地點與目的地，就能利用線上地圖導航，直接叫車，若綁定信用卡，還不必使用現金，避免找不開錢的麻煩，非常方便。

飲水

越南因為水管老舊，千萬不要直接飲用生水，建議買寶特瓶礦泉水。因為天氣炎熱，喝飲料時會加入大量的冰塊，所以冰塊製造業在越南也很蓬勃。如果你看到冰塊是圓柱狀的話，多數應該是工廠出產，用已過濾的水製作，但如果擔心，還是建議不要食用冰塊。

食物安全

越南美食名聲遠播，許多街頭小吃更是令人垂涎三尺，所以不試試看就等於沒來過越南，別抱著跟商場美食街一樣的期待，但是建議要嘗試街頭小吃時，請稍微注意商家的衛生環境再做決定，而且旅遊時請隨身攜帶一些個人藥品例如腸胃藥或是止痛藥等，以備旅遊不時之需。

穿著

越南國土南北狹長，造訪河內或是山區如沙巴、大叻請注意較低的氣溫；因為河內跟台灣一樣有四季，夏天也會感到黏膩悶熱，但是一到冬天也會氣溫驟降。若是在 11 ～ 2 月春節左右前往越南北方時，請務必記得帶件外套，以免因為天氣變化感冒；而中南越則是沒有冬天，但晚上有可能會涼涼的，記得可以帶件薄外套。

北越 10 ～ 12 月氣候溫和乾燥，1 ～ 2 月則稍為寒冷，3 月後天氣又開始回暖，最熱的時期是 5 ～ 8 月；中越 6 ～ 8 月是最炎熱的季節；南越沒有冬天，氣溫以 12 ～ 1 月較為涼爽乾燥，2 ～ 3 月逐漸炎熱，4 ～ 5 月是最熱的季節。

鞋子

越南人進室內時喜歡脫掉鞋子，甚至坐在家中地上，造訪大小寺廟時也常常需要脫掉鞋子，在越南是一個相當普遍的習慣。

越南話學堂

當地旅遊 30 句
招呼、詢問、求助，萬用語句看過來！

出門旅遊總要了解一下當地語言，以下幫大家彙整了從打招呼、購物、問路等 30 句最實用的旅行會話，關鍵時刻不用再對當地人面露尷尬微笑或雞同鴨講。

	中文	越文	中文近似發音
1	你好	chào bạn	嚼版
2	很高興認識你	Rất vui được quen bạn	熱威勒ㄍㄨㄟ版
3	明天見	Ngày mai gặp	乃ㄇㄞ嘎
4	再見	Tạm biệt	膽別
5	謝謝	Cảm ơn	感嗯
6	對不起	Xin lỗi	新羅一
7	這個多少錢？	Cái này bao nhiêu tiền?	ㄍㄞˋ乃包妞點
8	你們這邊有人會講中文嗎？	Chỗ này có ai biết nói tiếng Trung không？	揪乃ㄍㄡˊ唉別諾點中空？
9	請問有別的(顏色／尺寸／款式)嗎？	Làm phiền cho hỏi còn (màu/size/kiểu) khác không？	懶ㄈ一ㄣˇ揪猴拱(卯/Size/Kieu)卡空？
10	請問可以刷卡嗎？	Tôi có thể cà thẻ không?	都一ㄍㄡˊ鐵嘎ㄊㄟˊ空？

	中文	越文	中文近似發音
11	我在找這個	Tôi đang tìm kiếm cái này	都一瑯dim ㄍㄧㄣˇ該乃
12	我可以試戴(穿)這個嗎？	Tôi có thể thử đeo (mặc) cái này không?	都一ㄍㄡˇ鐵柳(馬)該乃空？
13	太貴了，可以便宜一點嗎？	Đắt quá, nó có thể rẻ hơn không?	ㄉㄚˇㄍㄨㄚˊ，諾ㄍㄡˇ鐵ㄖㄟˇ哼空？
14	請問這附近有(超市／餐廳／ATM)嗎？	Gần đây có siêu thị / nhà hàng / ATM không?	梗ㄉㄞ ㄍㄡˇ休提/ㄋㄧㄚˇㄏㄤˊ/ATM空？
15	請給我菜單	Vui lòng cho tôi thực đơn	威壟揪都一ㄊㄜˇ愣
16	本店特色餐點是什麼？	Món ăn đặc sắc của quán là gì？	萌ㄤㄉㄚˋ撒果ㄍㄨㄤˊ拉以？
17	我要這個一個	Tôi muốn 1 cái này	都一幕恩某ㄍㄞˇ乃
18	我要結帳	Tôi muốn tính tiền	都一幕恩迪電
19	這裡有Wi-Fi嗎？	Ở đây có wifi không?	噁ㄉㄞ ㄍㄡˇwifi空？
20	我要(入住／退房)	Tôi muốn (check in / check out)	都一幕恩(check-in/check-out)
21	(國際機場／國內機場／火車站／巴士總站／廁所) 在哪裡？	(Sân bay quốc tế / sân bay nội địa / ga xe lửa / bến xe buýt / nhà vệ sinh) ở đâu?	(森掰郭ㄊㄟˋ/森掰諾裏/嘎ㄙㄟ ㄌㄜˇ/邊ㄙㄟ 不/ㄋㄧㄚˇ味新) 噁撩？
22	請幫我叫計程車	Hãy giúp tôi gọi taxi	嗨就都一茍taxi

	中文	越文	中文近似發音
23	請靠(旁邊／右邊／左邊)停	Vui lòng đậu (một bên / bên phải / bên trái)	威壟撈(某邊/邊ㄈㄞˇ邊摘)
24	要去買票哪裡？	Tôi có thể mua vé ở đâu?	都一ㄍㄡˊ鐵摸Ve噁摟？
25	可以請你幫我們拍照嗎？	Bạn có thể chụp ảnh cho chúng tôi không?	版ㄍㄡˊ鐵chup安揪囷搭空？
26	我很喜歡／我不喜歡	Tôi rất thích / Tôi không thích.	都一熱替/都一空替
27	救命	CỨU TÔI!	格都一！
28	請幫忙叫(警察／救護車)	Hãy giúp tôi gọi (cảnh sát / xe cứu thương)	嗨就都一苟(感薩/ㄙㄟ格ㄊㄥˇ)
29	我迷路了	Tôi bị lạc đường.	都一比ㄌㄚˇ冷
30	我身體不舒服，我需要去醫院	Tôi không khỏe, tôi cần phải đến bệnh viện.	都一空魁，都一梗ㄈㄞˊ連變Vien

越南語數字

這邊簡單介紹一下數字的說法，在越南語中比較特別的是像國外的貨幣進位算法，像是một ngàn năm trăm就是一千五百，在越南語中「萬的單位」是以千來計，所以「一萬」就是「十千」，一萬五就是mười lăm ngàn，在台灣一般買東西極少用到十萬、百萬、千萬等單位。但是在越南，因為幣值的關係，常常就是幾十、幾百萬上下，非常有趣。

搭訕新朋友 10 句
人生地不熟，敢講就變熟！

不是每個人都天生會說話，也不是每個人經過後天的訓練之後，看到帥哥、正妹還能不緊張，以下搜集到10句的開場白，給各位想多交朋友的人，不過請視場合謹慎使用，免得適得其反呢！

	中文	越文	中文近似發音
1	你／妳從哪裡來？	Bạn đến từ đâu?	版連ㄌㄜˇ撈？
2	我的名字是___	Tên tôi là ___	燈都一喇___
3	請問怎麼稱呼？	Làm phiền cho hỏi tên bạn là gì？	覽ㄈㄧㄣ揪猴一登板喇以？
4	可以請你喝杯___嗎？	Có thể mời bạn uống ___ được không?	ㄍㄡˊ鐵摩版聞___ㄌㄜˇ空？
5	你很帥氣／妳很漂亮	Bạn rất đẹp trai / Bạn rất đẹp gái	版熱蕾摘/版熱蕾ㄍㄞˊ
6	你／妳現在單身嗎？	Bạn giờ đang độc thân à？	版者瑝摟攤啊？
7	可以交換聯絡方式嗎？	Chúng ta có thể trao đổi phương thức liên lạc được không？	囧搭ㄍㄡˊ鐵招樓一粉特連喇ㄌㄜˇ空？
8	你／妳跟我的一個朋友長得好像	Bạn trông giống như một người bạn của tôi.	版中擁能某嗯一版果都一
9	這裡有人坐嗎？	Có ai ngồi đây không?	ㄍㄡˊ唉嗯一ㄌㄞ空？
10	你／妳喜歡什麼類型的人呢？	Bạn thích kiểu người nào?	版替kieu嗯一腦？

斗笠也是越南的代表物，在越南是一種傳統的草帽，以成熟的竹子作為
骨架，再編織而成可用來遮陽的寬大帽子，下方再以絲線固定，不但是
越南農家的傳統日常配件，更是遮陽擋雨的好物。

世界主題之旅 125

嗯哼，這才是越南

作　　者　**DD**

總 編 輯　張芳玲
發 想 企 劃　**taiya**旅遊研究室
編輯部主任　張焙宜
企 劃 編 輯　翁湘惟
主 責 編 輯　翁湘惟
封 面 設 計　魏妏如
美 術 設 計　楊佩菱
地 圖 繪 製　涂巧琳

太雅出版社
TEL：(02)2882-0755　　FAX：(02)2882-1500
E-mail：taiya@morningstar.com.tw
郵政信箱：台北市郵政53-1291號信箱
太雅網址：http://taiya.morningstar.com.tw
購書網址：http://www.morningstar.com.tw
讀者專線：(04)2359-5819 分機230

出 版 者　太雅出版有限公司
　　　　　台北市11167劍潭路13號2樓
　　　　　行政院新聞局局版台業字第五〇〇四號
總 經 銷　知己圖書股份有限公司
　　　　　台北：台北市106辛亥路一段30號9樓
　　　　　TEL：(02)2367-2044／2367-2047 FAX：(02)2363-5741
　　　　　台中：台中市407工業30路1號
　　　　　TEL：(04)2359-5819 FAX：(04)2359-5493
　　　　　E-mail：service@morningstar.com.tw
網 路 書 店：http://www.morningstar.com.tw
郵 政 劃 撥：15060393 ｜戶名：知己圖書股份有限公司｜
法 律 顧 問　陳思成律師
印　　刷　上好印刷股份有限公司　TEL：(04)2315-0280
裝　　訂　大和精緻製訂股份有限公司　TEL：(04)2311-0221
初　　版　西元2019年06月10日
定價 370元
ISBN 978-986-336-321-7
（本書如有破損或缺頁，請寄回本公司發行部更換，或撥讀者服務專線04-23595819）

國家圖書館出版品預行編目(CIP)資料

嗯哼，這才是越南 / DD作. -- 初版. -- 臺北市：
太雅, 2019.06
　　面；　公分. -- (世界主題之旅；125)
ISBN 978-986-336-321-7(平裝)

1.旅遊 2.越南

738.39　　　　　　　　　　　　108004343

填線上回函，送 "好禮"

感謝你購買太雅旅遊書籍！填寫線上讀者回函，
好康多多，並可收到太雅電子報、新書及講座資訊。

好康 1

好康 2

每單數月抽10位，送珍藏版
「祝福徽章」

方法：掃QR Code，填寫線上讀者回函，
就有機會獲得珍藏版祝福徽章一份。

填修訂情報，就送精選
「好書一本」

方法：填寫線上讀者回函，並提供使用本書後的修
訂情報，經查證無誤，就送太雅精選好書一本(書
單詳見回函網站)。

＊同時享有「好康1」的抽獎機會

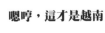

嗯哼，這才是越南

https://reurl.cc/mpLk1

＊「好康1」及「好康2」的獲獎名單，我們會
　於每單數月的10日公布於太雅部落格與太雅
　愛看書粉絲團。
＊活動內容請依回函網站為準。太雅出版社保
　留活動修改、變更、終止之權利。

太雅部落格 http://taiya.morningstar.com.tw
　　有行動力的旅行，從太雅出版社開始

太雅22週年慶

登錄發票，抽好禮，
首獎 CASIO 美肌運動防水相機

凡於 **2019.1.1-9.30** 期間購買太雅
旅遊書籍（不限品項及數量）上網登錄發票，
即可參加抽獎。

精緻好禮等你拿

抽好禮

登錄發票

CASIO美肌運動
防水相機
（型號：EX-FR100L）

首獎
3名

普獎
100名

M Square旅用瓶罐組
（100ml*2＋50ml*2＋圓罐*2）

掃我進活動頁面

活動時間	2019/01/01～2019/09/30
發票登入截止時間	2019/09/30 23:59
中獎名單公布日	2019/10/15

網址
taiya22.weebly.com

活動辦法

- 於活動期間內，購買太雅旅遊書籍（不限品項及數量），憑該筆購買發票至太雅22週年活動網頁，填寫個人真實資料，並將購買發票和購買明細拍照上傳，即可參加抽獎。
- 每張發票號碼限登錄乙次，即可獲得1次抽獎機會。
- 參與本抽獎之發票須為正本(不得為手開式發票)，且照片中的發票上須可清楚辨識購買之太雅旅遊書，確實符合本活動設定之活動期間內，方可參加。
  *若電子發票存於載具，請務必於購買商品時告知店家印出紙本發票及明細，以便拍照上傳。

◎主辦單位擁有活動最終決定權，如有變更，將公布於活動網頁、太雅部落格及「太雅愛看書」粉絲專頁，恕不另行通知。